この本の特色としくみ

　本書は中学1年で学ぶ英語の内容を3段階のレベルに分けた，ハイレベルな問題集です。各単元は Step A（標準問題）と Step B（応用問題）の順になっていて，まとまりごとに Step C（難関レベル問題）があります。各単元の Step A の終わりには，学習の差をつける「ここで差をつける！」を設けています。また，重要な会話をまとめた会話表現や，巻末には中学1年の内容をまとめた「総合実力テスト」も設けているため，総合的な実力を確かめることができます。

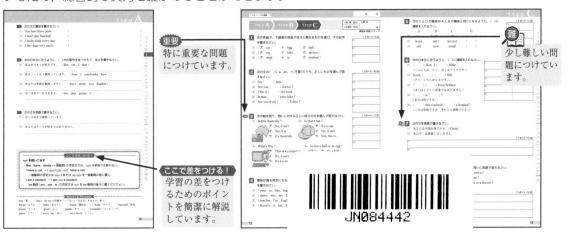

重要
特に重要な問題につけています。

ここで差をつける！
学習の差をつけるためのポイントを簡潔に解説しています。

難
少し難しい問題につけています。

JN084442

📋 CONTENTS 目 次

💻 本書に関する最新情報は，小社ホームページにある**本書の「サポート情報」**をご覧ください。（開設していない場合もございます。）
なお，この本の内容についての責任は小社にあり，内容に関するご質問は直接小社におよせください。

1 I am 〜. / You are 〜.

Step A 〉 Step B 〉 Step C

解答▶別冊 2 ページ

1 次の文の意味を書きなさい。

(1) Hello, Jim. I am Ken. (　　　　　　　　　　　　　　　　　　　　　)

(2) Oh！ You are Ken. (　　　　　　　　　　　　　　　　　　　　　)

(3) You are in Australia. (　　　　　　　　　　　　　　　　　　　　　)

(4) I'm not Yamada Miho. (　　　　　　　　　　　　　　　　　　　　　)

(5) You are Sato Keiko. (　　　　　　　　　　　　　　　　　　　　　)

2 次の日本文に合うように，＿＿＿に適語を入れなさい。

(1) こんにちは，ジュディ。　　　＿＿＿＿＿＿＿＿＿, Judy.

(2) 私はアヤカです。　　　　　　＿＿＿＿＿ ＿＿＿＿＿ Ayaka.

(3) あら，あなたがアヤカね。　　Oh, ＿＿＿＿＿ ＿＿＿＿＿ Ayaka.

(4) あなたはアメリカにいないのね。＿＿＿＿＿ ＿＿＿＿＿ in America.

(5) ぼくはジムではありません。　＿＿＿＿＿ ＿＿＿＿＿ Jim.

3 次のようなとき，英語でどう言うか。合う英文を下から選び，記号で答えなさい。

(1) 自分はナカノエリだと言うとき。 (　　　)

(2) 相手がオーストラリアにいないと言うとき。 (　　　)

(3) 自分はオーストラリア出身ではないと言うとき。 (　　　)

(4) 相手がヒロシだと言うとき。 (　　　)

(5) 自分は今，オーストラリアにいると言うとき。 (　　　)

ア I am not from Australia.		イ I'm in Australia now.
ウ I am Nakano Eri.		エ You are not in Australia.
オ You are Hiroshi.		カ You're Nakano Eri.

Step A

4 次の絵のふきだしに合うように，( )内の語句や符号を並べかえて，全文を書きなさい。

(1) (Kumi, I, am).

(2) (am, Mike, I).

(3) (Mike, oh, are, you / ,).

5 次の文の意味として最も適するものを下から選び，記号で答えなさい。

(1) I am in Tokyo. ( )
(2) I am Kate. ( )
(3) I'm not from Tokyo. ( )
(4) You aren't Kate. ( )

ア	私は東京出身ではありません。	イ	私はケイトです。
ウ	あなたはケイトではありません。	エ	私は東京にいます。

6 次の文を英語で書きなさい。

(1) 私はケイコです。

(2) あなたは京都出身です。

(3) 私は奈良にいません。

▶ ここで差をつける！ ◀

短縮形を使いこなす

・主語＋be動詞：I am → I'm, You are → You're

I am from Osaka.   You are Hiro.
└ I'm   └ You're

・主語＋be動詞＋not：I am not → I'm not, You are not → You're not / You aren't

I am not from Osaka.   You are not Hiro.
└ I'm not   └ You're not / You aren't

▶ Words & Phrases ◀

□helló「こんにちは」朝・昼・晩いつでも親しい人に対して使うあいさつのことば。

□in「〜に（いる）」　□Austrália「オーストラリア」　□América「アメリカ」　□from「〜出身の」

3

2 This is 〜. / That is 〜.

Step A ＞ Step B ＞ Step C

解答▶別冊 2 ページ

1 次の文の意味を書きなさい。

(1) This is my book. (　　　　　　　　　　　　　　　　　　)

(2) This is Mike. (　　　　　　　　　　　　　　　　　　)

(3) That is an egg. (　　　　　　　　　　　　　　　　　　)

(4) This is not a pen. (　　　　　　　　　　　　　　　　　　)

(5) That is your teacher. (　　　　　　　　　　　　　　　　　　)

(6) That's my book. (　　　　　　　　　　　　　　　　　　)

2 次のようなとき，英語でどう言うか。合う英文を下から選び，記号で答えなさい。

(1) 遠くにいる人を指して，あちらはヒロシではないと言うとき。 (　　　)

(2) 近くにいる自分の父親を，相手に紹介するとき。 (　　　)

(3) 遠くの動物を見つけて，あれはイヌだと言うとき。 (　　　)

(4) 自分の名前はヒロシだと，自己紹介するとき。 (　　　)

(5) 近くのイヌを指して，自分のイヌではないと言うとき。 (　　　)

ア	This is my father.	イ	That is a dog.
ウ	That is not Hiroshi.	エ	I'm not your father.
オ	This isn't my dog.	カ	My name is Hiroshi.

3 次の日本文に合うように，＿＿に適語を入れなさい。

(1) こちらはメグミです。　　　　　＿＿＿＿＿＿ ＿＿＿＿＿ Megumi.

(2) あれはギターです。　　　　　＿＿＿＿＿＿ ＿＿＿＿＿ a guitar.

(3) これは机ではありません。　　This ＿＿＿＿＿ ＿＿＿＿＿ a desk.

4 次の文の( )に a，an，×(不要)のうち，正しいものを選んで入れなさい。

(1) This is (　　　) notebook. (2) This is (　　　) chair.

(3) That isn't (　　　) ball. (4) This is (　　　) Jim.

(5) This is (　　　) apple. (6) This isn't (　　　) Canada.

(7) That isn't (　　　) my house. (8) That's (　　　) orange.

5 次の文を( )内の指示に従って書きかえなさい。

(1) This is a racket.
（否定文に）
_____

(2) That is my mother.
（否定文に）
_____

(3) You are Susie.
（下線部を this にかえて）
_____

6 次の絵に合うように，( )内の語句を並べかえて，全文を書きなさい。

(1)　　　(2)

(3)

(1) (Kate, that, is).
_____

(2) (bike, this, my, is).
_____

(3) (not, hat, is, a, this).
_____

7 次の文を英語で書きなさい。

(1) こちらはサトウさんです。（Mr. Sato）
_____

(2) あれはオレンジです。
_____

(3) これは私の本ではありません。
_____

(4) 私の名前はユカリです。
_____

1　2　3　Step C　4　5　6　Step C　7　8　9　Step C　10　11　12　Step C　13　14　15　16　Step C　会話表現(1)　17　18　19　20　Step C　21　22　23　24　25　Step C　会話表現(2)　実力テスト

━━ ここで差をつける！ ━━

not を使いこなす

・am，are，is（be 動詞）の否定文では，not は必ず be 動詞の後ろに置く

I **am** a student. → I **am** not a student.

You **are** from Osaka. → You **are** not from Osaka.

This **is** my house. → This **is** not my house.

▶▶▶ Words & Phrases ◀◀◀

□téacher「先生」　□fáther「父，父親」　□guitár「ギター」　□cháir「いす」　□hóuse「家」
□órange「オレンジ」　□rácket「ラケット」　□móther「母，母親」　□bíke「自転車」
□Mr. Sato「サトウさん」（Mr. は男性，Ms. は女性の姓の前につける）

Step A 〉 Step B 〉 Step C

●時　間 30分	●得　点
●合格点 70点	点

解答▶別冊3ページ

1 絵に合う単語になるように，（　）内の文字を並べかえて書きなさい。　（2点×4—8点）

(1)  （ r a h i c ）

(2)  （ p l p e a ）

(3) （ a g i u t r ）

(4) （ b k o o o n e t ）

2 次の語を読むとき，いちばん強く発音する部分の記号を○で囲みなさい。　（2点×6—12点）

(1) rack-et （racket）
　　 ア　 イ

(2) teach-er （teacher）
　　 ア　　イ

(3) or-ange （orange）
　　ア　イ

(4) fa-ther （father）
　　ア イ

(5) Ca-na-da （Canada）
　　ア イ ウ

(6) A-mer-i-ca （America）
　　ア　イ ウエ

3 次の日本文に合うように，＿＿＿に適語を入れなさい。　（3点×6—18点）

(1) あちらは私の兄です。　　　　　　　　_____ _____ my brother.

(2) 私の名前はエミです。　　　　　　　　_____ name _____ Emi.

(3) こちらはあなたの先生です。　　　　　_____ _____ your teacher.

(4) あなたは東京出身です。　　　　　　　_____ _____ Tokyo.

(5) あれはたまごではありません。　That _____ _____ egg.

(6) 私は京都にいます。　　　　　　　　　_____ _____ Kyoto.

4 次の文の（　）に a，an，×（不要）のうち，正しいものを選んで入れなさい。　（2点×5—10点）

(1) This is （　　　） Ms. Smith.

(2) This is （　　　） orange.

(3) That is （　　　） my sister.

(4) You are （　　　） student.

(5) You are （　　　） Ann.

5 次の文の意味を書きなさい。 （3点×8—24点）

(1) My name is Kumi. （　　　　　　　　　　　　　　　）

(2) That is not your teacher. （　　　　　　　　　　　　　　　）

(3) You're in Canada now. （　　　　　　　　　　　　　　　）

(4) I am a student. （　　　　　　　　　　　　　　　）

(5) I'm not from America. （　　　　　　　　　　　　　　　）

(6) This isn't my book. （　　　　　　　　　　　　　　　）

(7) Oh, you are Rick. （　　　　　　　　　　　　　　　）

(8) This is my father. （　　　　　　　　　　　　　　　）

6 次の文を（　）内の指示に従って書きかえなさい。 （3点×4—12点）

(1) I am a teacher. （否定文に）＿＿＿＿＿＿＿＿＿＿＿＿＿＿

(2) This is a <u>ball</u>. （下線部を「りんご」という意味の語に）

(3) You are Mr. Sato. （否定文に）＿＿＿＿＿＿＿＿＿＿＿＿＿

(4) That is <u>my cat</u>. （下線部を「あなたのイヌ」という意味の語に）

7 次の文を英語で書きなさい。 （4点×4—16点）

(1) これは私のラケットではありません。

(2) あれはあなたの自転車です。

(3) ぼくの名前はジムです。

(4) まあ，あなたは名古屋出身なのね。

> **Words & Phrases**

□brother「兄，弟」　　□name「名前」　　□isn't ＝ is not の短縮形「～ではない」　　□sister「姉，妹」
□Ann「アン」(女性の名)　　□student「生徒，学生」　　□Mr. Sato「佐藤先生」(Mr. は先生のときにも使う)

3 Are you ～ ? / Is this〔that〕～ ?

Step A ⟩ Step B ⟩ Step C

解答▶別冊 4 ページ

1 次の文の意味を書きなさい。

(1) Are you from Australia ? — No, I'm not. I'm from Canada.
(　　　　　　　　　　　　　　　　　　　　　　　　　　　　　　　　　　　　)

(2) Is this your camera ? — Yes, it is. It's my camera.
(　　　　　　　　　　　　　　　　　　　　　　　　　　　　　　　　　　　　)

(3) Is that your school or Jim's school ? — It's Jim's school.
(　　　　　　　　　　　　　　　　　　　　　　　　　　　　　　　　　　　　)

2 意味が通る対話文になるように，次の絵を見て，_____に適語を入れなさい。

(1) 　　　　　　　　　　(2) 　　　　　　　　　　(3)

(1) What's this ? — _____ a hat.

(2) Is this a hat ? — No, it _____. It is a _____.

(3) Is that an egg or an apple ? — It's _____ _____.

3 次の文を（　）内の指示に従って書きかえなさい。

(1) You are Ms. Brown.　（疑問文に）

(2) This is your bag.　（下線部を「ケンの」という意味の語にかえて）

(3) This is an old racket.　（疑問文に）

(4) Is that a book ? Is that a dictionary ?　（2つの文を1つの文に）

8

4 次の日本文に合うように，░░░に適語を入れなさい。

(1) あれは何ですか。

　　　───────── ───────── ─────────?

(2) 自転車です。((1)の答え)　　───────── a ─────────.

(3) あなたは今，日本にいますか。───────── ───────── in Japan now?

(4) はい，います。((3)の答え)　　Yes, ───────── ─────────.

5 次の日本文に合うように，（　）内の語句を並べかえて，全文を書きなさい。

(1) あなたは中国出身ですか。(from, are, China, you)?

(2) あれはあなたの机ですか。それともクミの机ですか。
　　(desk, is, your, or, that, desk, Kumi's)?

(3) これは英語の本ですか。(an, is, book, this, English)?

6 次の文を英語で書きなさい。

(1) これはあなたの家ですか。

(2) あなたはマイクのお父さんですか。

1 2 3 Step C 4 5 6 Step C 7 8 9 Step C 10 11 12 Step C 13 14 15 16 Step C 会話表現(1) 17 18 19 20 Step C 21 22 23 24 25 Step C 会話表現(2) 実力テスト

───────────── ここで差をつける！ ─────────────

応答する文の主語がかわる疑問文

・Are you a student？「あなたは生徒ですか」 → Yes, I am.「はい，（私は）そうです」

・Is this ～？「これは～ですか」 → No, it isn't.「いいえ，（それは）ちがいます」

では，Am I ～？「私は～でしょうか」の場合は…

Am I a good student？「私はいい生徒ですか」 → Yes, you are.「はい，いい生徒です」

- - - - - - - - - - - - - - - - ▶ **Words & Phrases** ◀ - - - - - - - - - - - - - - - -

□Austrália「オーストラリア」　　□Cánada「カナダ」　　□cámera「カメラ」　　□Jim's「ジムの」
□school「学校」　　□old「古い」　　□díctionary「辞書」　　□Japán「日本」　　□Chína「中国」
□Énglish「英語の」

Step A ＞ Step B ＞ Step C

●時　間 30分　●得　点
●合格点 70点　　　　点

解答▶別冊 5 ページ

1 次の語を読むとき，いちばん強く発音する部分の記号を○で囲みなさい。（2点×5─10点）

(1)　rack-et　（racket）
　　　ア　イ

(2)　Ja-pan　（Japan）
　　　ア　イ

(3)　cam-er-a　（camera）
　　　ア　イ　ウ

(4)　Aus-tral-ia　（Australia）
　　　ア　イ　ウ

(5)　dic-tion-ar-y　（dictionary）
　　　ア　イ　ウ エ

2 次の日本文に合うように， に適語を入れなさい。（4点×6─24点）

(1)　あれはあなたの家ですか。

　　　_____ _____ _____ house ?

(2)　いいえ，ちがいます。（(1)の答え）　No, _____ _____.

(3)　それはトムの家です。（(2)に続けて）　_____ _____ house.

(4)　あなたは日本から来た生徒ですか。

　　　_____ _____ a student _____ Japan ?

(5)　はい，そうです。（(4)の答え）　Yes, _____ _____.

(6)　私は広島出身です。　_____ _____ Hiroshima.

3 次の文の答えとして最も適するものを下から選び，記号で答えなさい。（3点×4─12点）

(1)　What's this ?　　　　　　　　　　　　　　（　　　）
　　ア　Yes, it is. It's a desk.　　　　　　イ　No, it isn't. It isn't a desk.
　　ウ　It's a desk.

(2)　Is this your bike ?　　　　　　　　　　　（　　　）
　　ア　Yes, it is. It's my bike.　　　　　　イ　No, it isn't. It's my bike.
　　ウ　Yes, it is. It's your bike.

(3)　Are you from Australia ?　　　　　　　　（　　　）
　　ア　No, you aren't.　　　　　　　　　　イ　Yes, I am. I'm from America.
　　ウ　No, I'm not. I'm from America.

(4)　Is that a big cat or a small tiger ?　　　　（　　　）
　　ア　Yes, it is. It's a big cat.　　　　　　イ　It's a big cat.
　　ウ　No, it isn't. It isn't a small tiger.

4 意味が通る対話文になるように，次の絵を見て，┈┈に適語を入れなさい。 （4点×3—12点）

(1)　　　　　　　　　(2)　　　　　　　　　(3)

(1) _____ this a bike ? — _____, it _____.

(2) Is this _____ bike ? — Yes. _____ is my bike.

(3) _____ you from Australia _____ Canada ?

　— _____ _____ Australia.

5 次の文を（ ）内の指示に従って書きかえなさい。 （6点×2—12点）

(1) This is a picture.　（下線部をたずねる疑問文に）
_____
_____

(2) Is that your bike ?　（下線部を「あなたのお父さんの」という意味の語句に）
_____
_____

6 次の日本文に合うように，（ ）内の語句を並べかえて，全文を書きなさい。 （7点×2—14点）

(1) これはジェーンの新しいかばんですか。(bag, is, Jane's, this, new)？
_____
_____

(2) あなたはカナダから来た先生ですか。(teacher, Canada, are, from, you, a)？
_____
_____

7 もしあなたがアメリカへ行ったときに次のようにたずねられたら，英語でどのように答えますか。あなた自身についてそれぞれ3語以上の英語で答えなさい。 （8点×2—16点）

(1) Are you from China ?
_____
_____

(2) Are you a student or a teacher ?
_____
_____

>>>>>>>>>>>>>>>>>>>>>>>>>>>>> **Words & Phrases** <<<<<<<<<<<<<<<<<<<<<<<<<<<<<

□It's〔It is〕〜．「それは〜である」　□stúdent「生徒，学生」　□bíke「自転車」　□big「大きい」
□small「小さい」　□tíger「トラ」　□pícture「写真，絵」

1
2
3
Step C
4
5
6
Step C
7
8
9
Step C
10
11
12
Step C
13
14
15
16
Step C
会話表現(1)
17
18
19
20
Step C
21
22
23
24
25
Step C
会話表現(2)
実力テスト

Step A 〉 Step B 〉 Step C

●時 間 40分　●得 点
●合格点 70点　　　　　　点

解答▶別冊 5 ページ

1 次の各組で，下線部の発音がほかと異なるものを選び，その記号を書きなさい。

（3点×3—9点）

(1) （ア　c<u>a</u>t　　イ　b<u>a</u>g　　ウ　b<u>a</u>ll ）
(2) （ア　m<u>y</u>　　イ　b<u>i</u>ke　　ウ　p<u>i</u>cture ）
(3) （ア　de<u>s</u>k　　イ　i<u>s</u>　　ウ　<u>s</u>tudent ）

(1)
(2)
(3)

2 次の文の（　）に a，an，×(不要)のうち，正しいものを選んで答えなさい。

（2点×5—10点）

(1) I'm （　　　） Jane.
(2) Are you （　　　） doctor ?
(3) This is （　　　） old book.
(4) Is that （　　　） your bike ?
(5) Are you from （　　　） Tokyo ?

(1)
(2)
(3)
(4)
(5)

重要 **3** 次の絵を見て，問いに対する正しい答えの文を選んで答えなさい。

（3点×4—12点）

(1) Is this Australia ?

ア　No, it isn't.
イ　Yes, it is.
ウ　It's Australia.

(2) Is that a hat ?

ア　It's a cap.
イ　No, it isn't.
ウ　Yes, this is.

(3) What's this ?

ア　This is a computer.
イ　No, it isn't.
ウ　It's a computer.

(4) Is this a ball or an egg ?

ア　It's a ball.
イ　Yes, it is.
ウ　No, I'm not.

(1)
(2)
(3)
(4)

4 意味が通る英文になるように，（　）内の語句を並べかえて，全文を書きなさい。

（3点×4—12点）

(1) （ your，is，this，bag，not ）.
(2) （ sister，you，are，Jane's ）?
(3) （ teacher，I'm，English，an，not ）.
(4) （ Kumi's，is，hat，that，new ）?

(1)
(2)
(3)
(4)

5 次のCとDの関係がAとBの関係と同じになるように，（　）に
適語を入れなさい。

	A	B	C	D
(1)	sister	brother	mother	（　　）
(2)	is not	isn't	are not	（　　）
(3)	old	new	small	（　　）

(1)	
(2)	
(3)	

6 次の日本文に合うように，（　）に適語を入れなさい。 （4点×5—20点）

(1) （　　　）, Ken. I （　　　） Mike.
（こんにちは，ケン。ぼくはマイクです。）

(2) Kumi, （　　） （　　） Bill.
（クミ，こちらがビルです。）

(3) （　　） （　　） from Sydney.
（ぼくはシドニー出身ではありません。）

(4) （　　） is （　　）?
（あれは何ですか。）

(5) （　　） this a school （　　） a hospital ?
（これは学校ですか，それとも病院ですか。）

(1)	
(2)	
(3)	
(4)	
(5)	

7 次の文を英語で書きなさい。

(1) あなたは中国出身ですか。(China)

(2) 私は今，北海道にはいません。

（5点×2—10点）

(1)
(2)

8 あなたが絵の中の人物になったつもりで，次の問いに英語で答えなさい。

Hideki

(1) Are you from America ?

(2) What is your name ?

(3) Are you a student or a doctor ?

（5点×3—15点）

(1)
(2)
(3)

I like 〜. / I have 〜. / I study 〜.

Step **A** 〉 Step **B** 〉 Step **C**

解答▶別冊6ページ

1 次の語の複数形を書きなさい。
(1) desk _____ (2) box _____ (3) friend _____
(4) baby _____ (5) watch _____ (6) knife _____

2 次の( )内から適語を選び，〇で囲みなさい。
(1) I (am, have) a watch.
(2) You have two (pen, pens).
(3) I (have, like) baseball.
(4) You (play, study) math.
(5) You (aren't, not, don't) play tennis.

3 次の日本文に合うように，____に適語を入れなさい。
(1) あなたはいいギターを持っています。
_____ _____ a good guitar.
(2) 私はコンピュータを持っていません。
I _____ _____ a computer.
(3) 私はこのかばんが好きです。
_____ _____ this bag.
(4) 私は英語を勉強します。
I _____ _____ .
(5) あなたはピアノをひきません。
You _____ _____ the piano.

4 次の絵を見て，「私は〜を…(数)持っています」という英文になるように，____に適語を入れなさい。
(1) (2) (3)

(1) I _____ _____ bats.
(2) I _____ _____ .
(3) _____ _____ _____ .

14

5 次の文の意味を書きなさい。

(1) You have three pens. （ ）

(2) I don't play baseball. （ ）

(3) I study math every day. （ ）

(4) I like dogs very much. （ ）

1
2
3
Step C
4
5
6
Step C
7
8
9
Step C
10
11
12
Step C
13
14
15
16
Step C
会話表現(1)
17
18
19
20
Step C
21
22
23
24
25
Step C
会話表現(2)
実力テスト

6 次の日本文に合うように，（ ）内の語句を並べかえて，全文を書きなさい。

(1) 私はあのネコが好きです。 (like, cat, I, that).

_____

(2) 私はノートを4冊持っています。 (four, I, notebooks, have).

_____

(3) あなたは英語を勉強しません。 (don't, study, you, English).

_____

(4) ぼくはギターをひきます。 (the, play, guitar, I).

_____

7 次の文を英語で書きなさい。

(1) ぼくは本を2冊持っています。

_____

(2) あなたはテニスが好きではありません。

_____

━━━━━━━━━━━━━━ ここで差をつける！ ━━━━━━━━━━━━━━

not を使いこなす

・**like，have，study**（一般動詞）の否定文では，**not** は単独では使わない。

I have a cat. → I don't〔do not〕have a cat.

一般動詞の否定文は **don't** または **do not** を一般動詞の前に置く。

I am a student. → I am not a student.

be 動詞（am，are，is）の否定文は **not** を be 動詞の後ろに置くだけでよい。

▶▶▶▶ **Words & Phrases** ◀◀◀◀

□box「箱」　□don't　do not の短縮形「～てない」（否定文にするときに使う）

□friend「友だち」　□báby「赤ちゃん」　□watch「腕時計」　□knífe「ナイフ」　□báseball「野球」

□ténnis「テニス」　□good「よい」　□guitár「ギター」　□compúter「コンピュータ」

□piáno「ピアノ」　□every day「毎日」　□very much「とても」

1 次の語の(1)(2)は単数形を，(3)〜(6)は複数形を書きなさい。　　　　　（2点×6—12点）

(1)　leaves　＿＿＿＿＿＿　　(2)　watches　＿＿＿＿＿＿

(3)　chair　＿＿＿＿＿＿　　(4)　bus　＿＿＿＿＿＿

(5)　country　＿＿＿＿＿＿　　(6)　apple　＿＿＿＿＿＿

2 次の＿＿にあてはまる語を下から選びなさい。ただし，同じ語を何度使ってもよい。

（2点×7—14点）

(1)　I ＿＿＿＿＿＿ three friends in America.

(2)　You ＿＿＿＿＿＿ a student from America.

(3)　I ＿＿＿＿＿＿ math hard.

(4)　You ＿＿＿＿＿＿ a nice racket.

(5)　I ＿＿＿＿＿＿ have a piano.

(6)　I am ＿＿＿＿＿＿ from Tokyo.

(7)　You ＿＿＿＿＿＿ like cats.

〔am，are，don't，have，study，not〕

3 次の文を（　）内の指示に従って書きかえなさい。　　　　　（3点×8—24点）

(1)　I have a sister.　（下線部を two にかえて）

＿＿＿＿＿＿＿＿＿＿＿＿＿＿＿＿＿＿＿＿＿＿＿＿＿＿＿＿＿＿＿＿＿＿＿＿

重要 (2)　You have three oranges.　（下線部を orange にかえて）

＿＿＿＿＿＿＿＿＿＿＿＿＿＿＿＿＿＿＿＿＿＿＿＿＿＿＿＿＿＿＿＿＿＿＿＿

(3)　I study English.　（否定文に）

＿＿＿＿＿＿＿＿＿＿＿＿＿＿＿＿＿＿＿＿＿＿＿＿＿＿＿＿＿＿＿＿＿＿＿＿

重要 (4)　I play tennis.　（文末に「毎日」という意味の語句を加えて）

＿＿＿＿＿＿＿＿＿＿＿＿＿＿＿＿＿＿＿＿＿＿＿＿＿＿＿＿＿＿＿＿＿＿＿＿

重要 (5)　I like baseball.　（文末に「とても」という意味の語句を加えて）

＿＿＿＿＿＿＿＿＿＿＿＿＿＿＿＿＿＿＿＿＿＿＿＿＿＿＿＿＿＿＿＿＿＿＿＿

(6)　I'm a student.　（否定文に）

＿＿＿＿＿＿＿＿＿＿＿＿＿＿＿＿＿＿＿＿＿＿＿＿＿＿＿＿＿＿＿＿＿＿＿＿

(7)　You play the guitar.　（否定文に）

＿＿＿＿＿＿＿＿＿＿＿＿＿＿＿＿＿＿＿＿＿＿＿＿＿＿＿＿＿＿＿＿＿＿＿＿

(8)　You like music.　（下線部が「この音楽」という意味になるように）

＿＿＿＿＿＿＿＿＿＿＿＿＿＿＿＿＿＿＿＿＿＿＿＿＿＿＿＿＿＿＿＿＿＿＿＿

4 次の日本文に合うように，＿＿に適語を入れなさい。 （3点×6—18点）

(1) 私はイギリスに友だちが1人います。　I ＿＿＿＿＿ a friend ＿＿＿＿＿ England.

(2) 私は数学を毎日勉強します。　I ＿＿＿＿＿ math ＿＿＿＿＿ day.

(3) あなたはこの本がとても好きですね。
You ＿＿＿＿＿ this book ＿＿＿＿＿ much.

(4) ぼくはイヌが好きです。　I ＿＿＿＿＿ ＿＿＿＿＿.

(5) あなたはピアノをひきません。
You ＿＿＿＿＿ ＿＿＿＿＿ ＿＿＿＿＿ piano.

(6) ぼくはハンバーガーを3つ食べます。　I ＿＿＿＿＿ ＿＿＿＿＿ hamburgers.

5 次の日本文に合うように，（　）内の語句を並べかえて，全文を書きなさい。 （4点×4—16点）

(1) 私は毎週日曜日にバスケットボールをします。(basketball, I, Sunday, play, every).

(2) あなたは新しいコンピュータを持っています。(a, new, have, computer, you).

(3) 私は牛乳がとても好きです。(milk, I, very, like, much).

(4) 私は教室で昼食を食べません。(have, lunch, classroom, don't, the, I, in).

6 次の文を英語で書きなさい。 （4点×4—16点）

(1) ぼくは自転車を2台持っています。

(2) ぼくは牛乳を飲みません。

(3) あなたはこの本が好きですね。

(4) 私は英語を毎日勉強します。

◆ **Words & Phrases** ◆
□nice「よい，すてきな」　□rácket「ラケット」　□hámburger「ハンバーガー」
□básketball「バスケットボール」　□Súnday「日曜日」　□milk「牛乳」　□lunch「昼食」
□clássroom「教室」　□the「その」（話している人の間で何を指しているかわかっているときに使う）

17

5 Do you 〜 ?

Step A 〉 Step B 〉 Step C 〉

解答▶別冊 8 ページ

1 次の日本文に合うように，＿＿に適語を入れなさい。

(1) あなたはバスケットボールをしますか。

　＿＿＿＿＿＿ you ＿＿＿＿＿＿ basketball ?

(2) あなたは英語が好きですか。— はい，好きです。

　＿＿＿＿＿＿ you ＿＿＿＿＿＿ English ? — Yes, I ＿＿＿＿＿＿.

(3) あなたはピアノをひきますか。— いいえ，ひきません。

　＿＿＿＿＿＿ you ＿＿＿＿＿＿ the piano ? — No, I ＿＿＿＿＿＿.

(4) あなたには姉妹がいますか。

　＿＿＿＿＿＿ you ＿＿＿＿＿＿ any sisters ?

(5) いいえ，いません。私にはひとりも姉妹がいません。((4)の答え)

　No, ＿＿＿＿＿＿ ＿＿＿＿＿＿. I ＿＿＿＿＿＿ have ＿＿＿＿＿＿ sisters.

2 次の( )内から適語を選び，○で囲みなさい。

(1) (Do，Are) you have a watch ? — Yes, I (do，am).

(2) I (are，do，don't) like tomatoes.

(3) (Do，Are) you an English teacher ? — Yes, I (do，am).

(4) (Do，Are) you play football ? — No, I (don't，do).

(5) (Do，Are) you like pumpkins ? — (Yes，No), I do.

(6) Do you have any (friend，friends) in Australia ?

3 次の文の意味を書きなさい。

(1) I play baseball every Tuesday.

　(　　　　　　　　　　　　　　　　　　　　　　　　　　　)

(2) Do you like English ? — Yes, I do.

　(　　　　　　　　　　　　　　　　　　　　　　　　　　　)

(3) Do you have any brothers ?

　(　　　　　　　　　　　　　　　　　　　　　　　　　　　)

(4) No, I don't. I don't have any brothers. ((3)の答え)

　(　　　　　　　　　　　　　　　　　　　　　　　　　　　)

4 次の文を（　）内の指示に従って書きかえなさい。

(1) You like music. （疑問文に）

_____

(2) You play volleyball. （疑問文に）

_____

(3) Do you study math every Friday ? （Yes で答える）

_____

(4) Do you play tennis every Wednesday? （No で答える）

_____

(5) I like <u>tennis</u> very much. （下線部を「それ」という意味の語にかえて）

_____

(6) I don't have <u>a</u> computer. （下線部を any にかえて）

_____

5 意味が通る対話文になるように，次の絵を見て，（　）内の語句や符号を並べかえて，全文を書きなさい。

A: (you, like, do, soccer), Mike ?

_____

B: (I, Yes, do / ,).

_____

(I, it, every, play, day).

_____

1
2
3
Step C
4
5
6
Step C
7
8
9
Step C
10
11
12
Step C
13
14
15
16
Step C
会話表現(1)
17
18
19
20
Step C
21
22
23
24
25
Step C
会話表現(2)
実力テスト

━ ここで差をつける！ ━

have は「手で持っている」わけではない

・一般動詞の have は「身近なところにある」「所有している」の意味。

I have a computer. 「コンピュータを**持っている**」（抱えているわけではない）

I have a cat. 「ネコを(持っている→)**飼っている**」

・「手で持つ」と言いたい場合は？

I have a ball in my hand. 「ボールを手に**持っている**」

▶ Words & Phrases ◀

□fóotball「フットボール，サッカー」　　□púmpkin「かぼちゃ」　　□Túesday「火曜日」
□vólleyball「バレーボール」　　□Fríday「金曜日」

Step A ▶ Step B ▶ Step C

●時　間　30分	●得　点
●合格点　70点	点

解答▶別冊9ページ

1 次の語を読むとき，いちばん強く発音する部分の記号を○で囲みなさい。　　（2点×5―10点）

(1)　class-room　（classroom）
　　　ア　　イ

(2)　pi-an-o　（piano）
　　　ア　イ　ウ

(3)　vol-ley-ball　（volleyball）
　　　ア　イ　ウ

(4)　ten-nis　（tennis）
　　　ア　　イ

(5)　gui-tar　（guitar）
　　　ア　　イ

2 次の日本語は英語に，英語は日本語に書き直しなさい。　　（1点×15―15点）

(1)　日曜日　　（　　　　　　　　）
(2)　Thursday　（　　　　　　　　）
(3)　火曜日　　（　　　　　　　　）
(4)　水曜日　　（　　　　　　　　）
(5)　Saturday　（　　　　　　　　）
(6)　金曜日　　（　　　　　　　　）
(7)　Monday　（　　　　　　　　）
(8)　2　　（　　　　　　　　）
(9)　3　　（　　　　　　　　）
(10)　4　　（　　　　　　　　）
(11)　5　　（　　　　　　　　）
(12)　6　　（　　　　　　　　）
(13)　nine　（　　　　　　　　）
(14)　seven　（　　　　　　　　）
(15)　eight　（　　　　　　　　）

3 次の日本文に合うように，＿＿に適語を入れなさい。　　（3点×3―9点）

(1)　あなたはネコとイヌが好きですか。
　　　＿＿＿＿＿＿ you ＿＿＿＿＿＿ cats ＿＿＿＿＿＿ dogs ?

(2)　はい，好きです。ぼくは動物が好きです。（(1)の答え）
　　　Yes, I ＿＿＿＿＿＿. ＿＿＿＿＿＿ ＿＿＿＿＿＿ animals.

(3)　あなたはそばを食べますか，それともうどんを食べますか。
　　　＿＿＿＿＿＿ you ＿＿＿＿＿＿ *soba* ＿＿＿＿＿＿ *udon* ?

4 次の＿＿にあてはまる語を下から選びなさい。ただし，同じ語を2回使ってはいけません。
　　（3点×6―18点）

(1)　I ＿＿＿＿＿＿ English and Japanese.
(2)　Do you ＿＿＿＿＿＿ the piano every Saturday ?
(3)　Do you ＿＿＿＿＿＿ lunch in the classroom ?
(4)　I ＿＿＿＿＿＿ like *natto*.
(5)　You ＿＿＿＿＿＿ pop music very much.
(6)　I don't ＿＿＿＿＿＿ any brothers.

〔 have, like, play, speak, don't, eat 〕

5 次の文を（ ）内の指示に従って書きかえなさい。 （4点×4—16点）

(1) You study math every day. （疑問文に）

_____

(2) You have three tomatoes. （「いくつか持っていますか」という意味の文に）

_____

(3) I don't have <u>a</u> watch. （下線部を any にかえて）

_____

(4) You speak English in the classroom, Jim. （否定文に）

_____

6 次の日本文に合うように，（ ）内の語句を並べかえて，全文を書きなさい。 （4点×3—12点）

(1) あなたはクラシック音楽が好きですか，それともポピュラー音楽が好きですか。
（ you, pop music, do, classical music, or, like ）？

_____

(2) 私はクラシック音楽がとても好きです。（(1)の答え）
（ very, I, classical music, much, like ）.

_____

(3) あなたは英語の本を何冊か持っていますか。
（ English, do, any, have, books, you ）？

_____

7 次の文を英語で書きなさい。 （4点×5—20点）

(1) あなたは毎週日曜日に野球をしますか。

_____

(2) あなたはテニスが好きですか。

_____

(3) はい，好きです。私はテニスを毎週土曜日にします。（(2)の答え）

_____

(4) あなたは毎日歴史を勉強しますか。

_____

(5) いいえ，しません。毎日は歴史を勉強しません。（(4)の答え）

_____

1
2
3
Step C
4
5
6
Step C
7
8
9
Step C
10
11
12
Step C
13
14
15
16
Step C
会話表現(1)
17
18
19
20
Step C
21
22
23
24
25
Step C
会話表現(2)
実力テスト

>>>>>>>>>>>>>>>>>>>>>>>>>>>>> **Words & Phrases** <<<<<<<<<<<<<<<<<<<<<<<<<<<<<

□ánimal「動物」　□pop music「ポピュラー音楽」　□speak「～を話す」　□tomáto「トマト」
□clássical「古典の，クラシックの」　□hístory「歴史」

6 What do you ～ ? / How many ～ ?

Step A 〉 Step B 〉 Step C 〉

解答▶別冊 9 ページ

1 次の（　）内から適語を選び，記号で答えなさい。

(1) （ ア What　イ How many ）do you like ? — I like hot dogs.　　　　　（　　　）

(2) （ ア What　イ How many ）hot dogs do you want ?
　　 — I want two hot dogs.　　　　　（　　　）

(3) （ ア What　イ How many ）English books do you have ?
　　 — I have ten English books.　　　　　（　　　）

(4) （ ア What　イ How many ）do you play after school ? — I play tennis.　　　　　（　　　）

2 次の文の＿＿に（　）内の語を適する形にかえて書きなさい。

(1) You want four ＿＿＿＿＿＿.　（ orange ）

(2) Do you have any ＿＿＿＿＿＿ ?　（ class ）

(3) You have two ＿＿＿＿＿＿.　（ baby ）

(4) I have some ＿＿＿＿＿＿.　（ knife ）

3 次の日本文に合うように，＿＿に適語を入れなさい。

(1) あなたはその箱の中に何を持っていますか。— ぼくはボールをいくつか持っています。
　　＿＿＿＿＿＿ do you ＿＿＿＿＿＿ in the box ?
　　— I ＿＿＿＿＿＿ ＿＿＿＿＿＿ ＿＿＿＿＿＿.

(2) あなたは何がほしいですか。— 私はオレンジジュースがほしいです。
　　＿＿＿＿＿＿ ＿＿＿＿＿＿ you ＿＿＿＿＿＿ ?
　　— I ＿＿＿＿＿＿ some ＿＿＿＿＿＿ juice.

4 次の絵を見て，「～をいくつ持っていますか」という問いの文とその問いに対する答えの文になるように，＿＿に適語を入れなさい。

(1)　　　　　　　　　　　　　　　　　　(2)

(1) ＿＿＿＿＿＿ ＿＿＿＿＿＿ ＿＿＿＿＿＿ do you have ?
　　— I ＿＿＿＿＿＿ ＿＿＿＿＿＿ ＿＿＿＿＿＿.

(2) ＿＿＿＿＿＿ ＿＿＿＿＿＿ ＿＿＿＿＿＿ do you have ?
　　— I ＿＿＿＿＿＿ ＿＿＿＿＿＿ ＿＿＿＿＿＿.

5 次の各組の下線部の発音が同じなら○を，ちがっていれば×を書きなさい。

(1) desk<u>s</u> / pen<u>s</u> （　　）　　(2) cup<u>s</u> / book<u>s</u> （　　）　　(3) apple<u>s</u> / di<u>s</u>hes （　　）

(4) boxe<u>s</u> / bag<u>s</u> （　　）　　(5) sister<u>s</u> / egg<u>s</u> （　　）

6 次の文を（　）内の指示に従って書きかえなさい。

(1) I study <u>English</u> every day. （下線部が答えの中心となる疑問文に）

_____

(2) I want <u>two</u> hamburgers. （下線部が答えの中心となる疑問文に）

_____

(3) You have some pens in the box. （否定文に）

_____

7 次の文を英語で書きなさい。

(1) あなたはかばんの中に何を持っていますか。

_____

(2) 何冊かの本を持っています。（(1)の答え）

_____

(3) あなたは何冊の本を持っていますか。

_____

(4) 6冊持っています。（(3)の答え）

_____

━━━━━ **ここで差をつける！** ━━━━━

疑問詞（ what など）は文頭に置く

Do you want a bike **?** 「君は　自転車が　ほしいの？」

What **do you want** ⬜ **?** 「君は　　何が　　ほしいの？」

＊日本語で「〜を〔が〕」と訳すとき，それにあたる英単語の位置のちがいに注意！

How many books **do you have** ⬜ **?** 「君は 何冊の本を 持っているの？」

━━━━━━━━━━━━━━━▶ **Words & Phrases** ◀━━━━━━━━━━━━━━━

□hót dog「ホットドッグ」　　□want「〜がほしい」　　□after school「放課後」　　□class「授業」
□baby「赤ちゃん」

Step **A** 〉 Step **B** 〉 Step **C** 〉

●時　間 30分	●得　点
●合格点 70点	点

解答▶別冊 10 ページ

1 次の文を読むとき，下線部分の語のところを上げ調子で読むものには↗印を，下げ調子で読むものには↘印を（　）内に書きなさい。　　　　　　　　　（2点×5—10点）

(1) Do you want any <u>oranges</u> ?　　　　　　　　　　　　　　　（　　　）

(2) What do you <u>have</u> ?　　　　　　　　　　　　　　　　　　（　　　）

(3) Do you like cats or <u>dogs</u> ?　　　　　　　　　　　　　　　（　　　）

(4) How many apples do you <u>want</u> ?　　　　　　　　　　　　（　　　）

(5) What do you want, <u>Jane</u> ?　　　　　　　　　　　　　　　（　　　）

2 次の文の答えとして最も適するものを下から選び，記号で答えなさい。　（3点×5—15点）

(1) Do you have any brothers ?　　　　　　　　　　　　　　　（　　　）

(2) Is this your guitar ?　　　　　　　　　　　　　　　　　　（　　　）

(3) What do you have in your bag ?　　　　　　　　　　　　　（　　　）

(4) How many brothers do you have ?　　　　　　　　　　　　（　　　）

(5) What do you like ?　　　　　　　　　　　　　　　　　　　（　　　）

ア　I have two brothers.	イ　Yes, I do.
ウ　No, it isn't.	エ　You have some notebooks.
オ　I have some pens.	カ　This is my brother.
キ　I like *sushi*.	ク　I play the guitar.

3 次のようにたずねられたら，英語でどのように答えますか。絵を見て答えなさい。

（4点×3—12点）

(1) 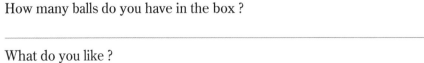　　(2)　　　　　　　　(3)

(1) How many balls do you have in the box ?

_____

(2) What do you like ?

_____

(3) Do you want any tomatoes ?

_____

4 次の（　）内の語のうち，正しいものを選び，その記号を○で囲みなさい。 （2点×3—6点）

(1) Do you have (ア some　イ any　ウ a) pencils ?

(2) I want (ア some　イ any　ウ an) T-shirts.

(3) You don't have (ア some　イ any　ウ a) notebooks.

5 次の文を（　）内の指示に従って書きかえなさい。 （4点×5—20点）

(1) I play football after school. （下線部が答えの中心となる疑問文に）

重要 (2) I want two apple pies. （下線部が答えの中心となる疑問文に）

重要 (3) I have some notebooks in my bag. （下線部が答えの中心となる疑問文に）

(4) I want some doughnuts. （下線部を「牛乳」という語にかえて）

(5) I have some friends in Australia. （否定文に）

6 意味が通る英文になるように，（　）内の語句を並べかえて，全文を書きなさい。 （4点×4—16点）

(1) (many, have, you, DVDs, how, do) ?

(2) (any, don't, I, brothers, have).

(3) (every, you, what, play, do) Sunday ?

(4) (want, some, history, I, books).

7 次の文を英語で書きなさい。 （7点×3—21点）

(1) 辞書を何冊持ってるんだい。— 5冊持ってるよ。

(2) ジェーン，何がほしいの。— コーヒーをいくらかほしいわ。

(3) 放課後何をしますか。— ぼくは英語の勉強をします。

◆ Words & Phrases ◆
□T-shirt「Tシャツ」　□ápple pie「アップルパイ」　□dóughnut「ドーナツ」　□cóffee「コーヒー」

Step **A** 〉 Step **B** 〉 Step **C**

●時 間 40分　●得 点
●合格点 70点　　　　　点

解答 ▶ 別冊 11 ページ

1 各単語の下線部の発音がほかの2つと異なるものを選び，その記号を書きなさい。　　　　　　　　　　　　　　（2点×5—10点）

(1)　ア　balls　　　イ　caps　　　ウ　desks
(2)　ア　study　　　イ　student　　ウ　new
(3)　ア　mother　　イ　do　　　　ウ　lunch
(4)　ア　school　　イ　book　　　ウ　football
(5)　ア　piano　　イ　apple　　　ウ　baseball

| (1) |
| (2) |
| (3) |
| (4) |
| (5) |

2 次の語を読むとき，いちばん強く発音する部分の記号を書きなさい。

(1)　com-pu-ter　(2)　ham-burg-er　(3)　to-ma-to　(4)　Sat-ur-day
　　ア　イ　ウ　　　　ア　イ　ウ　　　　ア　イ　ウ　　　　ア　イ　ウ

（2点×4—8点）

(1)	(2)	(3)	(4)

3 次の（　）内から適語を選び，記号で答えなさい。　　　　（3点×4—12点）

(1)　You play（ ア　a　イ　the ）piano every day.
(2)　I like（ ア　cat　イ　cats ）.
(3)　I don't want（ ア　any　イ　some ）hamburgers.
(4)　I have（ ア　any　イ　some ）books in my bag.

| (1) |
| (2) |
| (3) |
| (4) |

4 次の日本文に合うように，（　）に適語を入れなさい。　　（4点×5—20点）

(1)　I（　　）（　　）natto.
　　（ぼくは納豆が好きではありません。）
(2)　（　　）you have（　　）friends in Canada?
　　（あなたはカナダに何人かの友だちがいますか。）
(3)　— Yes, I do. I（　　）（　　）friends there.
　　　　　　　　　　　　　　　　　　（(2)の答え）
　　（はい，います。そこには3人の友だちがいます。）
(4)　（　　）do you（　　）?　（あなたは何がほしいですか。）
(5)　I（　　）math every（　　）.　（私は毎週木曜日に数学を勉強します。）

(1)	
(2)	
(3)	
(4)	
(5)	

5 意味が通る英文になるように，（ ）内の語句を並べかえて，全文を書きなさい。

(1) （ don't, any, have, I, sisters ）.

(2) （ in, you, what, have, do) the box ?

(3) （ after, basketball, you, play, school, do ）?

（ 4 点×3—12 点）

(1)	
(2)	
(3)	

6 次の文の答えとして最も適するものを下から選び，記号で答えなさい。

（ 4 点×4—16 点）

(1) What do you want, Jane ?

(2) Do you have a computer ?

(3) How many hot dogs do you want ?

(4) What do you do ?

ア I have three.	イ I want two.	ウ I play tennis.
エ I want some hot dogs.	オ Yes, I do.	

(1)	
(2)	
(3)	
(4)	

7 次の文を英語で書きなさい。

(1) ぼくはサッカーが大好きです。

(2) あなたは何本のギターを持っていますか。

（ 5 点×2—10 点）

(1)	
(2)	

8 次の絵に合う対話文を英語で書きなさい。ただし，下の語群からそれぞれ 3 つ以上の語句を使うこと。

Junko

〔I, eggs, some, do, want, how many, any, four 〕

Junko: I want some eggs.

Nancy: (1)_____

Junko: (2)_____

Nancy

（ 6 点×2—12 点）

(1)	
(2)	

7 Come in. / Don't 〜.

Step A 〉 Step B 〉 Step C

解答▶別冊 12 ページ

1 次の文の意味を書きなさい。

(1) Sit down, Jim.　　　　　(　　　　　　　　　　　　　　　　　　　　　)
(2) Please come in.　　　　　(　　　　　　　　　　　　　　　　　　　　　)
(3) Don't open the window.　(　　　　　　　　　　　　　　　　　　　　　)
(4) Let's play tennis.　　　　(　　　　　　　　　　　　　　　　　　　　　)
(5) Yes, let's. ((4)の答え)　(　　　　　　　　　　　　　　　　　　　　　)
(6) Close the door, please.　(　　　　　　　　　　　　　　　　　　　　　)
(7) All right. ((6)の答え)　(　　　　　　　　　　　　　　　　　　　　　)

2 絵を見て，次の文の＿＿＿に適語を入れなさい。

(1)　　　　　　(2)　　　　　　(3) 使用禁止　　　　(4) 野球禁止

(1) ＿＿＿＿＿＿＿ your textbook.
(2) ＿＿＿＿＿＿＿ the ＿＿＿＿＿＿＿, Jane.
(3) ＿＿＿＿＿＿＿ use this room.
(4) ＿＿＿＿＿＿＿ ＿＿＿＿＿＿＿ baseball in the park.

3 次の文を(　)内の指示に従って書きかえなさい。

(1) You come to my house.　(「〜しなさい」という文に)

＿＿＿＿＿＿＿＿＿＿＿＿＿＿＿＿＿＿＿＿＿＿＿＿＿＿＿＿＿＿＿＿＿＿＿

(2) We study math after school.　(「〜しましょう」という文に)

＿＿＿＿＿＿＿＿＿＿＿＿＿＿＿＿＿＿＿＿＿＿＿＿＿＿＿＿＿＿＿＿＿＿＿

(3) You play football there.　(「〜してはいけません」という文に)

＿＿＿＿＿＿＿＿＿＿＿＿＿＿＿＿＿＿＿＿＿＿＿＿＿＿＿＿＿＿＿＿＿＿＿

4 意味が通る対話文になるように，次の絵を見て，＿＿＿に適語を入れなさい。

ここで昼食を食べましょう。　そうしましょう。

A: ＿＿＿＿＿＿＿ ＿＿＿＿＿＿＿ ＿＿＿＿＿＿＿
　　here.
B: ＿＿＿＿＿＿＿, ＿＿＿＿＿＿＿.

5 次の日本文に合うように，____に適語を入れなさい。

(1) ここへ来なさい，ボブ。 ＿＿＿＿＿＿＿ ＿＿＿＿＿＿, Bob.

(2) ギターをひいてはいけません。 ＿＿＿＿＿ ＿＿＿＿＿ the guitar.

(3) ジェーン，どうかドアを開けてください。
＿＿＿＿＿ ＿＿＿＿＿ the ＿＿＿＿＿, Jane.

(4) 図書館に行こう。— はい，そうしましょう。
＿＿＿＿＿ ＿＿＿＿＿ to the library. — ＿＿＿＿＿, ＿＿＿＿＿.

(5) テレビゲームをしよう。— いいえ，やめましょう。
＿＿＿＿＿ ＿＿＿＿＿ video games. — ＿＿＿＿＿, let's ＿＿＿＿＿.

6 次の日本文に合うように，（ ）内の語句や符号を並べかえて，全文を書きなさい。

(1) 学校へ行きましょう。(go, let's, school, to).
_____

(2) どうか窓を開けてください。(the, open, please, window / ,).
_____

(3) すてきな1日を。(nice, a, day, have).
_____

(4) 今，テレビを見てはいけません。(now, TV, watch, don't).
_____

7 次の文を英語で書きなさい。

(1) 中に入りなさい，トム。 ＿＿＿＿＿＿＿＿＿＿＿＿＿

(2) そこに行ってはいけません。 ＿＿＿＿＿＿＿＿＿＿＿＿＿

(3) 野球をしましょう。 ＿＿＿＿＿＿＿＿＿＿＿＿＿

(4) いいえ，やめましょう。((3)の答え) ＿＿＿＿＿＿＿＿＿＿＿＿＿

1
2
3
Step C
4
5
6
Step C
7
8
9
Step C
10
11
12
Step C
13
14
15
16
Step C
会話表現 (1)
17
18
19
20
Step C
21
22
23
24
25
Step C
会話表現 (2)
実力テスト

━━━━━【 ここで差をつける！ 】━━━━━

命令文でカンマ (,) を使う

Ken, stand up.（ケン，立ちなさい） 　　**Please** sit down.（どうぞ座ってください）

= Stand up, **Ken**. 　　　　　　　　　　　= Sit down, **please**.

相手の名前を呼ぶときは 　　　　　　　　　please を後ろに置くときは
必ずカンマを使う 　　　　　　　　　　　　カンマを使う

┅┅┅┅┅┅┅┅┅┅┅┅▶ **Words & Phrases** ◀┅┅┅┅┅┅┅┅┅┅┅┅

□sit down「座る」 　□come in「中に入る」 　□ópen「開ける」 　□wíndow「窓」 　□clóse「閉める」
□door「ドア，扉」 　□use「使う」 　□park「公園」 　□we「私たちは」
□here「ここで」 　□líbrary「図書館」 　□vídeo game「テレビゲーム」 　□now「今」

Step A 〉 Step B 〉 Step C

●時　間　30分　　●得　点
●合格点　70点　　　　　　点

解答▶別冊 13 ページ

1 次の＿＿にあてはまる動詞（動作を表す語）を下から選びなさい。ただし，大文字にすべきところは大文字にして書きなさい。 （2点×6―12点）

(1) ＿＿＿＿＿＿ to the park every Sunday.

(2) Don't ＿＿＿＿＿＿ baseball here.

(3) ＿＿＿＿＿＿ the window, please.

(4) Let's ＿＿＿＿＿＿ English every day.

(5) ＿＿＿＿＿＿ a nice day.

(6) ＿＿＿＿＿＿ down, please.

〔 sit, study, open, play, have, come 〕

2 次の対話文が完成するように，＿＿に適語を入れなさい。 （4点×4―16点）

重要 (1) A：このペンを使いなさい。

＿＿＿＿＿＿ ＿＿＿＿＿＿ pen.

B：いいえ，けっこうです。私はえんぴつを持っています。

＿＿＿＿＿＿, thank ＿＿＿＿＿＿. I ＿＿＿＿＿＿ a pencil.

(2) A：公園で昼食を食べましょう。

＿＿＿＿＿＿ ＿＿＿＿＿＿ lunch in the park.

B：いいえ，やめておきましょう。私は部屋で昼食を食べます。

No, ＿＿＿＿＿＿ ＿＿＿＿＿＿. I have lunch ＿＿＿＿＿＿ my room.

(3) A：どうか私の母を手伝ってください。

＿＿＿＿＿＿ ＿＿＿＿＿＿ my mother.

B：いいですよ。

All ＿＿＿＿＿＿.

(4) A：テレビを見ましょう。

＿＿＿＿＿＿ ＿＿＿＿＿＿ TV.

B：はい，そうしましょう。

＿＿＿＿＿＿, ＿＿＿＿＿＿.

3 次の文の意味を書きなさい。 （4点×4―16点）

(1) Please speak English slowly. （　　　　　　　　　　　　　　　　）

(2) Don't walk so fast. （　　　　　　　　　　　　　　　　）

(3) Try this *takoyaki*. （　　　　　　　　　　　　　　　　）

(4) Let's study history, Miki. （　　　　　　　　　　　　　　　　）

4 次の文を（　）内の指示に従って書きかえなさい。　　　　　　　　（4点×3—12点）

(1) You clean this room.　（「〜してください」とていねいに頼む文に）

_____

(2) You open the door.　（Bob に「〜してはいけません」と命令する文に）

_____

(3) We go to the stadium.　（「〜しましょう」という文に）

_____

5 次の日本文に合うように，（　）内の語句を並べかえて，全文を書きなさい。　　（3点×3—9点）

(1) ここに来て，トムのお父さんを手伝いなさい。(here, help, and, Tom's father, come).

_____

(2) コンサートへ行きましょう。(concert, go, let's, the, to).

_____

(3) 今，テレビゲームをしてはいけません。(now, games, play, don't, video).

_____

6 次の文を英語で書きなさい。　　　　　　　　　　　　　　　　　（5点×3—15点）

(1) そのハンバーガーを食べてはいけません。

_____

(2) テニスをしましょう。— はい，しましょう。

_____

(3) どうぞ中へ入ってください。— わかりました。

_____

7 次のような場合，あなたは英語でどう言いますか。その文を書きなさい。　（5点×4—20点）

(1) マイクに座りなさいと言うとき。

_____

(2) 相手にジェーンの手伝いをするように頼むとき。

_____

(3) 「京都へ行こう」と誘われたが，断るとき。

_____

(4) 相手に自分の自転車を使わせたくないとき。

_____

>>>>>>>>>>>>>>>>>>>>>>>>>>>>>>>>> ◣ **Words & Phrases** ◥ **<<<<<<<<<<<<<<<<<<<<<<<<<<<<<<<<<**

□help「手伝う，助ける」　　□slówly「ゆっくりと」　　□walk「歩く」　　□so「そんなに」　　□fast「速く」
□try「試しに食べてみる」　　□clean「そうじする」　　□stádium「スタジアム」　　□cóncert「コンサート」

3人称単数形の肯定文・否定文

Step A ＞ Step B ＞ Step C

解答▶別冊14ページ

1 次の ( ) 内から適語を選び，○で囲みなさい。

(1) Jim (play, plays) the guitar every day.

(2) He (watch, watches) a baseball game on TV.

(3) Tom (has, have) a new dictionary.

(4) You (study, studies) English every morning.

(5) Yuki and Ken (has, have) good parents.

(6) She (don't, doesn't) like math.

(7) We (don't, doesn't) go to the library.

2 次の日本文に合うように，＿＿＿に適語を入れなさい。

(1) マリは美しい写真を何枚か持っています。

Mari ＿＿＿＿＿＿ some beautiful pictures.

(2) 彼は日本の食べ物が大好きです。

＿＿＿＿＿＿ ＿＿＿＿＿＿ Japanese food very much.

(3) 彼女は英語を毎日勉強します。

＿＿＿＿＿＿ ＿＿＿＿＿＿ English every day.

(4) ヘレンは中国語を話しません。

Helen ＿＿＿＿＿＿ ＿＿＿＿＿＿ Chinese.

(5) 彼らは水曜日に野球をします。

＿＿＿＿＿＿ ＿＿＿＿＿＿ baseball on Wednesday.

3 次の文を ( ) 内の指示に従って書きかえなさい。

(1) I have a new racket. (下線部を Tom にかえて)

＿＿＿＿＿＿＿＿＿＿＿＿＿＿＿＿＿＿＿＿

(2) You go to bed at nine. (下線部を your sister にかえて)

＿＿＿＿＿＿＿＿＿＿＿＿＿＿＿＿＿＿＿＿

(3) Bill plays basketball after school. (否定文に)

＿＿＿＿＿＿＿＿＿＿＿＿＿＿＿＿＿＿＿＿

(4) John skis in winter. (下線部を John and Mike にかえて)

＿＿＿＿＿＿＿＿＿＿＿＿＿＿＿＿＿＿＿＿

4 次の各組の英文がほぼ同じ内容になるように，____に適語を入れなさい。

(1) Kumi is a good tennis player.
Kumi _____ tennis well.

(2) Mr. Suzuki teaches math.
Mr. Suzuki is a math _____.

5 次の語の下線部の発音が[s]ならア．[z]ならイ，[iz]ならウと答えなさい。

(1) plays　　( )　　(2) helps　　( )　　(3) teaches　　( )

6 次の___にあてはまる語を右から選びなさい。

(1) Ken _____ every day in summer.

(2) They _____ football in fall.

(3) Tom _____ some hot dogs and coffee.

(4) Jane and Susie _____ Japanese a little.

(5) Her friends _____ watch TV.

play	plays
swim	swims
want	wants
don't	doesn't
speak	speaks

7 意味が通る英文になるように，次の( )内の語句を並べかえて，全文を書きなさい。必要に応じて下線部の語の形をかえること。

(1) (DVDs, my brother, <u>have</u>, many).

_____

(2) (very, Kumi, well, <u>cook</u>).

_____

(3) (doesn't, the piano, <u>play</u>, before, he, dinner).

_____

右側インデックス: 1 2 3 Step C 4 5 6 Step C 7 8 9 Step C 10 11 12 Step C 13 14 15 16 Step C 会話表現(1) 17 18 19 20 Step C 21 22 23 24 25 Step C 会話表現(2) 実力テスト

ここで差をつける！

否定文では動詞が原形（もとの形）にもどる

He　likes cats.　　　She　has a computer.
　↓ s がなくなる　　　　↓主語が I や you のときと同じ形に
He doesn't like cats.　　She doesn't have a computer.
　(= does not)　　　　　(= does not)

Words & Phrases

□párent「（父または母）親，（複数形で）両親」　□béautiful「美しい」　□pícture「写真」
□Japanése「日本の，日本語」　□food「食べ物」　□Chinése「中国語」　□go to bed「寝る」
□ski「スキーをする」　□well「上手に」　□a little「少し」　□mány「たくさんの」
□cook「料理をする」　□befóre「前に」

Step **A** ▶ Step **B** ▶ Step **C** ▶

●時　間 30分	●得　点
●合格点 70点	点

解答▶別冊 14 ページ

1 各問の単語を発音するとき，下線部分の発音が同じものには○を，ちがうものには×を（　）
内に書きなさい。　　　　　　　　　　　　　　　　　　　　　　　　　　（2点×5—10点）

(1)　goe<u>s</u> — come<u>s</u>　　　　　（　　　）　　(2)　speak<u>s</u> — play<u>s</u>　　　（　　　）

(3)　like<u>s</u> — live<u>s</u>　　　　　（　　　）　　(4)　buy<u>s</u> — ski<u>s</u>　　　　（　　　）

(5)　wash<u>es</u> — teach<u>es</u>　　（　　　）

2 次の＿＿にあてはまる語を下から選び，正しい形にして入れなさい。　　（3点×4—12点）

(1)　Yuji ＿＿＿＿＿＿＿ TV after dinner.

(2)　Miho ＿＿＿＿＿＿＿ not like English songs.

(3)　My father ＿＿＿＿＿＿＿ to the station every morning.

(4)　Jane sometimes ＿＿＿＿＿＿＿ Japanese food.

〔 do，try，walk，watch 〕

3 次の（　）内から適語を選び，○で囲みなさい。　　　　　　　　　　　（3点×6—18点）

(1)　Bob (don't，doesn't) have any pens but Tom (has，have) three pens.

(2)　My brother (has，have) some DVDs but I don't (has，have) any.

(3)　My sisters (live，lives) in Yokohama.

(4)　Tom (buy，buys) some pens at that store.

(5)　Bill and Jim (has，have) many stamps at home.

(6)　Ken's brother doesn't (get，gets) up at six in the morning.

4 絵を見て，次の（　）内の語句を並べかえて，全文を書きなさい。ただし，1 語不足している
ので，その語を補いなさい。　　　　　　　　　　　　　　　　　　　　（4点×3—12点）

(1)　　　　　　　　　　　(2)　　　　　　　　　　(3)

(1)　(Sunday，Jim，on，baseball).

_____

(2)　(classroom，Ken and Yuji，in，the，lunch).

_____

(3)　(after，math，school，Yuki).

_____

5 次の文を（　）内の指示に従って書きかえなさい。　　　　　　（3点×4—12点）

(1) I live in the country.（下線部を My uncle にかえて）

_____

(2) Keiko practices tennis on Saturday.（否定文に）

_____

(3) My sister watch TV every day.（下線部をかえずに誤りを直して正しい文に）

_____

(4) They doesn't play football after school.（下線部をかえずに誤りを直して正しい文に）

_____

6 次の文の意味を書きなさい。　　　　　　　　　　　　　　　（3点×2—6点）

(1) Miki speaks French a little.
（　　　　　　　　　　　　　　　　　　　　　　　　　　　　　）

(2) The student from Australia doesn't like Japanese food.
（　　　　　　　　　　　　　　　　　　　　　　　　　　　　　）

7 次の日本文に合うように，＿＿に適語を入れなさい。　　　　（4点×3—12点）

(1) ビルはとても上手に泳ぎます。
Bill _____ _____ _____.

(2) ケンはときどき彼のお父さんのコンピュータを使います。
Ken _____ _____ his father's computer.

(3) その少女は夕食の前に本を読みません。
The girl _____ _____ books _____ dinner.

8 次の文を英語で書きなさい。　　　　　　　　　　　　　　　（6点×3—18点）

(1) ユウジは春には野球をします。

_____

(2) ミホは昼食にいくつかのサンドイッチを食べます。（for lunch）

_____

(3) ジェーンは11時に寝ません。

_____

1 2 3 Step C 4 5 6 Step C 7 8 9 Step C 10 11 12 Step C 13 14 15 16 Step C 会話表現(1) 17 18 19 20 Step C 21 22 23 24 25 Step C 会話表現(2) 実力テスト

▶ Words & Phrases ◀

□live「住む」　□buy「買う」　□song「歌」　□státion「駅」　□sómetimes「ときどき」
□but「しかし」　□store「店」　□stamp「切手」　□at home「家に」　□get up「起きる」
□the cóuntry「いなか」　□úncle「おじ」（↔ aunt「おば」）　□práctice「練習する」
□French「フランス語」　□for lunch「昼食に」

3 人称単数形の疑問文

Step A ＞ Step B ＞ Step C

解答▶別冊 15 ページ

1 次の文の（　）内から適語を選び，○で囲みなさい。

(1) (Do, Does) he play baseball ? — Yes, he (do, does).

(2) (Do, Does) your friend play the piano ? — No, he (do, does) not.

(3) (Do, Does) Jane and Bob study Japanese ? — Yes, they (do, does).

(4) Does Kate (study, studies) English at school ? — Yes, she (do, does).

(5) What (do, does) Mike have in his hand ? — He (has, have) a pencil.

(6) What (do, does) the boys play ? — They (play, plays) tennis.

(7) What does Mary (study, studies)? — She (study, studies) history.

2 次の対話文が完成するように，＿＿に適語を入れなさい。

(1) A : クミコは英語で手紙を書きますか。

　　_____ Kumiko _____ a letter in English ?

　　B : はい，書きます。

　　　Yes, _____ _____ .

(2) A : あなたの弟は 11 時に寝ますか。

　　_____ your brother _____ to bed at eleven ?

　　B : いいえ，寝ません。彼は 10 時に寝ます。

　　　No, he _____ . He _____ to bed at ten.

(3) A : トムは手に何を持っていますか。

　　_____ _____ Tom _____ in his hand ?

　　B : ラケットを持っています。

　　　He _____ a racket.

3 次の文の意味を書きなさい。

(1) Does Emi sometimes visit her aunt in Fukuoka ?

　　(　　　　　　　　　　　　　　　　　　　　　　　　　　　　　　)

(2) What does your mother do in the kitchen ?

　　(　　　　　　　　　　　　　　　　　　　　　　　　　　　　　　)

(3) Does your father wash his car on Sunday ?

　　(　　　　　　　　　　　　　　　　　　　　　　　　　　　　　　)

4 次の日本文に合うように，（ ）内の語句や符号を並べかえて，全文を書きなさい。

A：あなたのお姉さんは学校でフランス語を勉強しますか。
(school, sister, does, study, at, French, your)?

_____

B：いいえ，しません。(does, no, not, she / ,).

_____

5 次の文を（ ）内の指示に従って書きかえなさい。

(1) Ken likes tennis.（否定文に）

_____

(2) Keiko wants a new bike.（疑問文に）

_____

(3) Yuji has <u>two</u> dictionaries.（下線部が答えの中心となる疑問文に）

_____

(4) Bill uses <u>a computer</u> every day.（下線部が答えの中心となる疑問文に）

_____

6 次の文を英語で書きなさい。

(1) その少年はバスケットボールをしますか。— いいえ，しません。

_____

(2) ケイコは彼女のお母さんを手伝いますか。— はい，手伝います。

_____

(3) 彼は放課後，何を読みますか。

_____

1
2
3
Step
C
4
5
6
Step
C
7
8
9
Step
C
10
11
12
Step
C
13
14
15
16
Step
C
会話表現
(1)
17
18
19
20
Step
C
21
22
23
24
25
Step
C
会話表現
(2)
実力
テスト

ここで差をつける！

疑問文に答えるときは代名詞(he，she，it)を使う

＊**疑問文では，動詞が原形になることも確認しておこう**

Does Ben ski well ?	**Does** Jane like tea ?	**Does** that car run fast ?
— Yes, he **does.**	— Yes, she **does.**	— Yes, it **does.**
— No, he **doesn't.**	— No, she **doesn't.**	— No, it **doesn't.**
Ben → he	Jane → she	that car → it

Words & Phrases

□write「書く」　□létter「手紙」　□in English「英語で」
□vísit「訪問する」　□aunt「おば」　□kítchen「台所，キッチン」　□wash「〜を洗う」

●時　間 30分	●得　点
●合格点 70点	点

解答▶別冊 16 ページ

1 次の動詞の意味を(　)に，主語が 3 人称単数・現在の文のときの形(語尾に s または es をつける形)を＿＿に書きなさい。　　　　　　　　　　　　　　　　　　　　　　（2 点×6—12 点）

(1) come　　（　　　　　　）＿＿＿＿＿＿＿＿＿＿

(2) wash　　（　　　　　　）＿＿＿＿＿＿＿＿＿＿

(3) speak　　（　　　　　　）＿＿＿＿＿＿＿＿＿＿

(4) go　　　（　　　　　　）＿＿＿＿＿＿＿＿＿＿

(5) try　　　（　　　　　　）＿＿＿＿＿＿＿＿＿＿

(6) teach　　（　　　　　　）＿＿＿＿＿＿＿＿＿＿

2 次の文の答えとして最も適するものを下から選び，記号で答えなさい。　　（3 点×5—15 点）

(1) Does Ken like tennis ?　　　　　　　　　（　　　　）

(2) Does Ken's sister like tennis, too ?　　　（　　　　）

(3) What does Ken's sister like?　　　　　　（　　　　）

(4) Do Ken's parents play tennis ?　　　　　（　　　　）

(5) How many rackets does Ken have ?　　　（　　　　）

ア　No, she doesn't.	イ　Yes, they do.
ウ　Yes, he does.	エ　She likes volleyball.
オ　He plays it at school.	カ　He has two.

3 次の対話文が完成するように，＿＿に適語を入れなさい。　　（3 点×2—6 点）

(1) *A:* ＿＿＿＿＿＿＿＿ your aunt live in Osaka now ?

　　B: No, she ＿＿＿＿＿＿＿. She ＿＿＿＿＿＿＿ in Kobe.

(2) *A:* ＿＿＿＿＿＿＿＿ ＿＿＿＿＿＿＿＿ Mike practice at school ?

　　B: He ＿＿＿＿＿＿＿ baseball there.

重要 **4** 次の文を(　)内の指示に従って書きかえなさい。　　（3 点×4—12 点）

(1) Jim has lunch at noon. (疑問文にして Yes で答える)

＿＿＿＿＿＿＿＿＿＿＿＿＿＿＿＿＿＿＿＿＿＿＿＿＿＿＿＿＿＿＿＿＿

(2) Keiko studies English at college. (下線部が答えの中心となる疑問文に)

＿＿＿＿＿＿＿＿＿＿＿＿＿＿＿＿＿＿＿＿＿＿＿＿＿＿＿＿＿＿＿＿＿

(3) Jane has some pens in her bag. (否定文に)

＿＿＿＿＿＿＿＿＿＿＿＿＿＿＿＿＿＿＿＿＿＿＿＿＿＿＿＿＿＿＿＿＿

(4) Tom wants three apples. (下線部が答えの中心となる疑問文に)

＿＿＿＿＿＿＿＿＿＿＿＿＿＿＿＿＿＿＿＿＿＿＿＿＿＿＿＿＿＿＿＿＿

5 次の文の意味を書きなさい。 （3点×3—9点）

(1) Does Susie get up at six every morning ? （　　　　　　　　　　　　）

(2) What does Jim have for breakfast ? （　　　　　　　　　　　　）

(3) How many birds does the boy have ? （　　　　　　　　　　　　）

6 意味が通る英文になるように，（　）内の語句を並べかえて，全文を書きなさい。（3点×3—9点）

(1) （ Jane, in, what, have, does, hand, her ）?

_____

(2) （ Keiko, does, TV, dinner, before, watch ）?

_____

(3) （ a, reads, newspaper, father, always, your ）.

_____

7 次の文を英語で書きなさい。 （3点×4—12点）

(1) トムは新しい自転車を持っていません。

_____

(2) あなたのお兄さんはサッカーをしますか。

_____

(3) 彼らは駅まで歩きますか。

_____

(4) 彼女はその店で何を買いますか。

_____

8 留学生のアンについて書かれた次の文を読んで，下の問いに英語で答えなさい。

（5点×5—25点）

Ann comes from Australia. She studies Japanese at school. She always has Japanese food. She likes *sushi* very much. But she doesn't like *natto*. She sends an e-mail to her family every day.

(1) Is Ann a student from Australia ? _____

(2) What does she study at school ? _____

(3) Does she like *natto* ? _____

(4) What does she like ? _____

(5) Does she write a letter to her family every day ? _____

1
2
3
Step C
4
5
6
Step C
7
8
9
Step C
10
11
12
Step C
13
14
15
16
Step C
会話表現(1)
17
18
19
20
Step C
21
22
23
24
25
Step C
会話表現(2)
実力テスト

>>>>>>>>>>>>>>>>>>>>>>>>>> **Words & Phrases** <<<<<<<<<<<<<<<<<<<<<<<<<<

□noon「正午」　□cóllege「大学」　□bird「鳥」　□befóre「～の前に」　□álways「いつも」

□néwspaper「新聞」　□send「送る」　□é-mail「電子メール」　□fámily「家族」

Step A 〉 Step B 〉 Step C

● 時 間 40分　● 得 点
● 合格点 70点　　　　点
解答▶別冊 17 ページ

1 次の文の（　）にあてはまる語を下から選びなさい。　　（ 2 点×6—12点）

(1) （　　　） she play tennis ?

(2) （　　　） Ken and Mike play tennis on Wednesday ?

(3) Jane （　　　） some flowers in her hand.

(4) Please （　　　） use this bike.

(5) This boy （　　　） like hamburgers.

(6) （　　　） a nice day.

〔 have, has, do, don't, does, doesn't 〕

(1)	
(2)	
(3)	
(4)	
(5)	
(6)	

2 次の（　）内から適語を選び，記号で答えなさい。　　（ 3 点×4—12点）

(1) He （ ア has　イ have ） lunch in the classroom.

(2) What （ ア do　イ does　ウ is ） Mike have in his bag ?

(3) Please （ ア close　イ closes ） the window.

(4) Jim has some DVDs but I don't have （ ア any　イ some ）.

(1)	
(2)	
(3)	
(4)	

3 次のCとDの関係がAとBの関係と同じになるように，（　）に適語を入れなさい。　　（ 3 点×4—12点）

	A	B	C	D
(1)	small	big	after	（　　）
(2)	like	likes	watch	（　　）
(3)	sister	brother	uncle	（　　）
(4)	France	French	Japan	（　　）

(1)	
(2)	
(3)	
(4)	

4 次の対話文が完成するように，____に適語を入れなさい。　　（ 4 点×2—8点）

(1) *A :* Let's watch TV.

　　B : No, _____ _____.

(2) *A :* Does that boy play the guitar ?

　　B : Yes, _____ _____.

(1)	
(2)	

5 次の（ ）内の語句や符号を並べかえて，全文を書きなさい。

(1) （ study, Bob, on, doesn't, Monday, science ）．

(2) （ please, come, my, to, house, ／, ）．

(3) （ does, Susie, many, how, have, books ）？

(4) （ breakfast, has, bread, Jim, and milk, for ）．

（4点×4—16点）

(1)	
(2)	
(3)	
(4)	

6 次の文を（ ）内の指示に従って書きかえなさい。

(1) I go to the park by bike. （下線部を Jim にかえて）

(2) Mike wants some apples. （疑問文に）

(3) Tom plays football in spring. （下線部が答えの中心となる疑問文に）

(4) Keiko washes her dog on Sunday. （否定文に）

(5) You have lunch here. （「～してはいけない」という文に）

（5点×5—25点）

(1)	
(2)	
(3)	
(4)	
(5)	

7 次の文を英語で書きなさい。

(1) あなたのお母さんはあの店で牛乳を買いますか。― いいえ，買いません。

(2) 彼は日曜日には図書館へ行きません。

(3) テニスをしましょう。― はい，そうしましょう。

（5点×3—15点）

(1)	
(2)	
(3)	

1
2
3
Step C
4
5
6
Step C
7
8
9
Step C
10
11
12
Step C
13
14
15
16
Step C
会話表現(1)
17
18
19
20
Step C
21
22
23
24
25
Step C
会話表現(2)
実力テスト

41

10 代名詞

Step A ＞ Step B ＞ Step C

解答▶別冊 18 ページ

1 次の対話文が完成するように，＿＿に適語を入れなさい。

(1) A：あなたはあの女の子を知っていますか。

＿＿＿＿＿＿ you ＿＿＿＿＿＿ that ＿＿＿＿＿＿ ?

B：はい，よく知っています。　　Yes, I know ＿＿＿＿＿＿ ＿＿＿＿＿＿.

(2) A：あなたたちはあの少年たちを知っていますか。

＿＿＿＿＿＿ you ＿＿＿＿＿＿ ＿＿＿＿＿＿ boys ?

B：いいえ，私たちは彼らのことを知りません。

No, we ＿＿＿＿＿＿ know ＿＿＿＿＿＿.

2 次の（　）内から適語を選び，記号を○で囲みなさい。

(1) That boy is Kazuo. Do you know（ ア he　イ his　ウ him ）?

(2) Look at those girls. I know（ ア they　イ their　ウ them ）.

(3) This is an interesting book. Please read（ ア it　イ its　ウ it's ）.

(4) Mr. Brown helps（ ア we　イ our　ウ us ）.

(5) This is（ ア they　イ their　ウ them ）house.

(6) Maki has a cute cat.（ ア It　イ Its　ウ It's ）name is Tama.

(7) That man is（ ア our　イ us ）teacher.（ ア His　イ Him ）name is Mr. White.

(8) （ ア My　イ Me ）brothers always help（ ア my　イ me ）.

3 次の文の意味を書きなさい。

(1) That boy is Takeshi. I often play tennis with him.

(　　　　　　　　　　　　　　　　　　　　　　　　　　　　　　　　　　）

(2) My aunt lives in Nara. I sometimes visit her.

(　　　　　　　　　　　　　　　　　　　　　　　　　　　　　　　　　　）

4 次の絵に合う対話文が完成するように，＿＿に適語を入れなさい。

あなたは
あの女性を
知っていますか？

ええ，とても
よく知って
いるわ。

A: ＿＿＿＿＿＿ ＿＿＿＿＿＿ ＿＿＿＿＿＿

that ＿＿＿＿＿＿ ?

B: Yes, I ＿＿＿＿＿＿ ＿＿＿＿＿＿ very

＿＿＿＿＿＿.

5 文中の下線部分の語句を代名詞にかえ，例のように全文を書きかえなさい。

例　<u>Alan</u> likes <u>this cap</u>. → He likes it.

(1) <u>You and your sister</u> study <u>English</u>.　→ _____

(2) Bob and Tom like <u>the girl</u>.　→ _____

(3) <u>Ken and I</u> know <u>these English words</u>.　→ _____

(4) Jane doesn't know <u>Mike</u>.　→ _____

(5) Yuji knows <u>Jane's brothers</u>.　→ _____

6 次の日本文に合うように，（　）内の語句を並べかえて，全文を書きなさい。

(1) あなたのお兄さんは私たちをたくさん手伝ってくれます。

（ us, helps, brother, a, your, lot).

(2) 彼^{かれ}らはあなたのことをよく知っていますか。

（ you, know, well, they, do ）?

(3) 彼女^{かのじょ}の両親はときどき彼に会いますか。

（ her, him, parents, do, see, sometimes ）?

7 次の文を英語で書きなさい。

(1) 彼らはケンとユウジです。あなたたちは彼らを知っていますか。

(2) 彼女はジェーンのお母さんです。私たちはしばしば彼女に会います。(see)

(3) 私たちの先生は私たちをとてもかわいがってくれます。(love)

ここで差をつける！

前置詞(with, to, for など)の後ろも目的格（「〜を」の形)

I always go to school **with** him.　（ぼくはいつも彼と学校に行く）

Listen **to** me. listen to 〜「〜の言うことを聞く」　（ぼくの言うことを聞いて）

This is a present **for** her. for 〜「〜のための」　（これは彼女のためのプレゼントだよ）

Words & Phrases

□know「知っている」　□well「よく，十分に」　□interesting「おもしろい，興味深い」
□óften「しばしば」　□with「〜といっしょに」　□see「会う」　□love「愛する，かわいがる」

43

Step A 〉 Step B 〉 Step C

●時 間 30分　●得 点
●合格点 70点　　　　　　点

解答▶別冊 18 ページ

1 次の＿＿にあてはまる語を下から選びなさい。　　　　　　　　（4点×4―16点）

(1) Keiko has three cats. ＿＿＿＿＿＿ likes ＿＿＿＿＿＿.

(2) The students like Ms. Yamada. ＿＿＿＿＿＿ often help ＿＿＿＿＿＿.

(3) My favorite food is bread. ＿＿＿＿＿＿ have ＿＿＿＿＿＿ every day.

(4) Ken is one of my friends. ＿＿＿＿＿＿ comes to my house and goes to school with ＿＿＿＿＿＿.

〔 I, me, she, her, he, him, it, they, them 〕

2 次の日本文に合うように，＿＿に適語を入れなさい。　　　　　　（5点×4―20点）

(1) これは私たちの部屋ですか，それとも彼らの部屋ですか。

Is this ＿＿＿＿＿＿ room or ＿＿＿＿＿＿ room ?

(2) 私には友人がたくさんいます。ケンはそのうちのひとりです。

I have many friends. Ken is ＿＿＿＿＿＿ of ＿＿＿＿＿＿.

(3) あちらの女性があなたたちの先生ですか。とてもきれいですね。

Is that woman ＿＿＿＿＿＿ teacher ? ＿＿＿＿＿＿ very beautiful.

(4) 私の弟たちはよく私の手伝いをしてくれます。私は彼らが大好きです。

My brothers often help ＿＿＿＿＿＿. I like ＿＿＿＿＿＿ very much.

3 意味が通る対話文になるように，次の絵を見て，＿＿に適語を入れなさい。　（5点×3―15点）

(1)　　　　　　　　　　(2)　　　　　　Miho　　(3)

Keiko

Saori　　　　　　　　　　　　　　　　Bob

(1) Do you know Saori ?

— Yes, ＿＿＿＿＿＿ do. I play tennis with ＿＿＿＿＿＿.

(2) Are ＿＿＿＿＿＿ Keiko and Miho ?

— Yes, they ＿＿＿＿＿＿. Let's ski with ＿＿＿＿＿＿.

(3) ＿＿＿＿＿＿ Bob use that computer ?

— Yes, ＿＿＿＿＿＿ does. He uses ＿＿＿＿＿＿ every day.

4 次の日本文に合うように，（ ）内の語句を並べかえて，全文を書きなさい。ただし，不要な語が1語あります。 （5点×3—15点）

(1) 彼女は彼といっしょに学校に行きます。

（ his, him, goes, school, she, to, with ）.

重要 (2) それらのうちの何冊かは英語の本です。

（ them, English, some, books, are, they, of ）.

(3) 私たちのおじは私たちのところをたびたび訪れます。

（ we, uncle, our, visits, us, often ）.

5 次の文を英語で書きなさい。 （6点×3—18点）

(1) サオリは毎日自分の両親の手伝いをします。

(2) ボブは彼女たちのことがとても好きです。

(3) サトウ先生は私たちといっしょに昼食を食べます。（Mr. Sato）

重要 **6** ジェーン（Jane）が書いた次の文を読んで，下の問いに主語と動詞のある英語で答えなさい。 （4点×4—16点）

　Yumi is one of my friends. She studies English hard and speaks it well. She has a nice dog. His name is John. He is a very clever dog. Yumi takes him for a walk every day.

(1) Are Yumi and Jane friends ?

(2) What does Yumi speak well ?

(3) What is her dog's name ?

(4) Does Jane take John for a walk every day ?

1
2
3
Step C
4
5
6
Step C
7
8
9
Step C
10
11
12
Step C
13
14
15
16
Step C
会話表現(1)
17
18
19
20
Step C
21
22
23
24
25
Step C
会話表現(2)
実力テスト

◆━━━━ **Words & Phrases** ━━━━◆
□of「〜の，〜の中の」　□one of 〜「〜のうちの1人〔1つ〕」
□some of 〜「〜のうちのいくつか」　□clever「りこうな」　□take「連れて行く」　□walk「散歩」
□take 〜 for a walk「〜を散歩に連れて行く」

11 Who 〜 ? / Whose 〜 ?

Step A 〉 Step B 〉 Step C 〉

解答▶別冊 19 ページ

1 次の日本文に合うように，＿＿に適語を入れなさい。

(1) この女の子はあなたの友だちですか。— はい，そうです。彼女^{かのじょ}はアメリカ出身です。

Is ＿＿＿＿＿＿ girl your ＿＿＿＿＿＿ ?

— Yes, ＿＿＿＿＿＿ is. ＿＿＿＿＿＿ from America.

(2) あの女の人はだれですか。— 彼女はサトウさんです。

＿＿＿＿＿＿ is ＿＿＿＿＿＿ woman ? — ＿＿＿＿＿＿ is Mrs. Sato.

(3) これらはあなたのラケットですか。

＿＿＿＿＿＿ ＿＿＿＿＿＿ your ＿＿＿＿＿＿ ?

(4) あの先生たちはだれですか。

＿＿＿＿＿＿ ＿＿＿＿＿＿ ＿＿＿＿＿＿ teachers ?

2 次の対話文が完成するように，＿＿に適語を入れなさい。

A : これはだれのカメラですか。　　＿＿＿＿＿＿ camera is this ?

B : それはジェーンのものです。　　It's ＿＿＿＿＿＿ .

A : あれも彼女のカメラですか。　　＿＿＿＿＿＿ that ＿＿＿＿＿＿ camera, too ?

B : いいえ，ちがいます。　　No, it ＿＿＿＿＿＿ ＿＿＿＿＿＿ .

A : それでは，それはだれのものですか。　　＿＿＿＿＿＿ is it, then ?

B : それは私のものです。　　It's ＿＿＿＿＿＿ .

3 次の文を（ ）内の指示に従って書きかえなさい。

(1) Mr. Suzuki is from Osaka. （疑問文に書きかえて，No で答える文に）

_____

(2) That boy is <u>my brother</u>. （下線部が答えの中心となる疑問文に）

_____

(3) This is <u>my</u> book. （下線部が答えの中心となる疑問文に）

_____

(4) Who is <u>this</u> doctor ? （下線部を these にかえて）

_____

(5) <u>Your</u> bike is nice. （下線部を「あなたのお姉さんの」という意味の語句にかえて）

_____

4 各組の英文がほぼ同じ内容になるように，＿＿に適語を入れなさい。

(1) This is your camera.
This camera is ＿＿＿＿＿.

(2) That's Jim's bike.
That bike is ＿＿＿＿＿.

(3) That is a tall man.
That man is ＿＿＿＿＿.

(4) Whose is this cap ?
Whose ＿＿＿＿＿ is ＿＿＿＿＿ ?

5 意味が通る文になるように，次の（ ）内の語句を並べかえて，全文を書きなさい。

(1) (new, is, whose, this) computer ?

_____

(2) (is, teacher's, our, it). ((1)の答え)

_____

(3) (girl, is, who, that) ?

_____

(4) (classmate, she, my, is). ((3)の答え)

_____

6 次の文を英語で書きなさい。

(1) これはだれの家ですか。

_____

(2) 私たちのものです。((1)の答え)

(3) あの背の高い男性はだれですか。

_____

(4) 私のおじです。((3)の答え)

(5) この生徒たちはだれですか。

_____

(6) 彼らは私のクラスメートです。((5)の答え)

_____

━━━◖ ここで差をつける！ ◗━━━

whose は「だれのもの」，"whose ＋名詞" は「だれの〜」

Whose is this bat ?　　（このバットはだれのものですか）
Whose racket is this ?　（これはだれのラケットですか）
Who's that ?　　（あれはだれですか）
　↑ who is の短縮形

▶ **Words & Phrases** ◀

□wóman「女の人」　□cámera「カメラ」　□dóctor「医者」　□tall「背が高い」　□man「男の人」
□new「新しい」　□clássmate「クラスメート，同級生」

Step A 〉 Step B 〉 Step C

●時　間　30分　●得　点
●合格点　70点　　　　点

解答▶別冊 20 ページ

1 次の各組で，下線部の発音がほかと異なるものを選び，記号を○で囲みなさい。（3点×3―9点）

(1) ア　kn<u>o</u>w　　イ　th<u>o</u>se　　ウ　w<u>o</u>man

(2) ア　m<u>a</u>n　　イ　t<u>a</u>ble　　ウ　c<u>a</u>t

(3) ア　<u>th</u>is　　イ　<u>th</u>ese　　ウ　<u>th</u>ank

2 次の答えの文を読むとき，最も強く発音する語を選び，その記号を○で囲みなさい。

（3点×2―6点）

(1) Whose book is this ? — It's my book.
　　　　　　　　　　　　　　ア　イ　ウ

(2) Who is that girl ? — She is Mary.
　　　　　　　　　　　　ア　イ　ウ

3 次の文の答えとして最も適するものを下から選び，記号で答えなさい。　　（3点×5―15点）

(1) Are you good baseball players ?　　　　　　　　　　（　　　）

(2) Whose is this long bat ?　　　　　　　　　　　　　（　　　）

(3) How many bats does Ken have ?　　　　　　　　　（　　　）

(4) Who are those students ?　　　　　　　　　　　　（　　　）

(5) What do those students play ?　　　　　　　　　　（　　　）

ア　He has two.	イ　They play baseball.
ウ　They are Ken and Mike.	エ　It's Mike's.
オ　No, they aren't.	カ　Yes, we are.

4 次の日本文に合うように，＿＿に適語を入れなさい。　　（6点×2―12点）

(1) こちらはだれですか。— 彼はジョンです。背が高い男の子です。

＿＿＿＿＿＿ is this ?

— He is John. ＿＿＿＿＿＿ a ＿＿＿＿＿＿ boy.

(2) あれはジムと彼のお兄さんのギターですか。

Is that Jim and ＿＿＿＿＿＿ ＿＿＿＿＿＿ guitar ?

はい，そうです。それは彼らのものです。

Yes, ＿＿＿＿＿＿ ＿＿＿＿＿＿ . It's ＿＿＿＿＿＿ .

5 次の各組の英文を，下線部に注意して日本語に直しなさい。　　　　　　（4点×4—16点）

(1) ① <u>Whose</u> picture is this ?　　　　　（　　　　　　　　　　　　　）
　　 ② <u>Whose</u> is this picture ?　　　　　（　　　　　　　　　　　　　）

(2) ① Are these <u>his</u> notebooks ?　　　　（　　　　　　　　　　　　　）
　　 ② Are these notebooks <u>his</u> ?　　　　（　　　　　　　　　　　　　）

6 次の文を（　）内の指示に従って書きかえなさい。　　　　　　　　　（4点×5—20点）

(1) This album is <u>Tomoko's</u>.　（下線部が答えの中心となる疑問文に）

_____

(2) Those boys are <u>my classmates</u>.　（下線部が答えの中心となる疑問文に）

_____

重要 (3) This tall boy is a student from China.　（疑問文に書きかえて，No で答える）

_____

重要 (4) <u>This</u> is a red flower.　（下線部を複数形にして）

_____

(5) That dictionary is old.　（That is で始まるほぼ同じ内容の文に）

_____

7 次の文を英語で書きなさい。　　　　　　　　　　　　　　　　　　　（6点×2—12点）

(1) この小さい男の子はだれですか。— 彼(かれ)はタケシです。私の弟です。

_____

(2) これはだれの消しゴムですか。— それは私のものです。

_____

8 次の絵に合う対話文を英語で書きなさい。　　　　　　　　　　　　　（5点×2—10点）

あの少女たちはだれ？　上手なテニス選手よ。

A : _____

B : _____

1
2
3
Step C
4
5
6
Step C
7
8
9
Step C
10
11
12
Step C
13
14
15
16
Step C
会話表現 (1)
17
18
19
20
Step C
21
22
23
24
25
Step C
会話表現 (2)
実力テスト

>>>>>>>>>>>>>>>>>>>>>>>>>>>>>> **Words & Phrases** <<<<<<<<<<<<<<<<<<<<<<<<<<<<<<

□plárer「選手」　□long「長い」　□bat「バット」　tall「背が高い」　□álbum「アルバム」
□red「赤い」　□old「古い」　□eráser「消しゴム」

12 Where ～ ? / Which ～ ?

Step A ＞ Step B ＞ Step C

解答▶別冊 21 ページ

1 次の（ ）内から適語を選び，〇で囲みなさい。

(1) （ What, Where, Who ）do you live ?

(2) （ What, Who, Which ）do you want, coffee or tea ?

(3) （ What, Where, Who ）do you study there ?

(4) （ Where, Which, Who ）is that boy ? — He is Mike.

(5) （ What, Where, Who ）is Jane ? — She is in the park.

(6) （ What, Which, Whose ）is your notebook ? — This one is.

2 意味が通る対話文になるように，次の絵を見て，＿＿に適語を入れなさい。

(1) (2) (3) (4)

(1) A : ＿＿＿＿＿＿ is your cap, this one or that one ?

   B : ＿＿＿＿＿＿ ＿＿＿＿＿＿ is.

(2) A : ＿＿＿＿＿＿ does Jim want, an apple ＿＿＿＿＿＿ an orange ?

   B : He ＿＿＿＿＿＿ an ＿＿＿＿＿＿.

(3) A : ＿＿＿＿＿＿ do you live ?

   B : I live ＿＿＿＿＿＿ ＿＿＿＿＿＿.

(4) A : ＿＿＿＿＿＿ does your mother buy milk ?

   B : She ＿＿＿＿＿＿ it ＿＿＿＿＿＿ the supermarket.

3 次の文の答えとして最も適するものを下から選び，記号で答えなさい。

(1) Whose racket is this ? 　　　　　（　　　）

(2) What sport do you play ? 　　　　（　　　）

(3) Which racket is yours ? 　　　　（　　　）

(4) Where do you have lunch ? 　　　（　　　）

(5) How many rackets do you have ? （　　　）

ア	That one is.	イ	Two.	ウ	In the classroom.
エ	Tennis.	オ	It's mine.	カ	No, let's not.

4 次の文の意味を書きなさい。

(1) Which bike is Tom's ? — That white one is.

(　　　　　　　　　　　　　　　　　　　　　　　　　　　　)

(2) Where are you from ? — I'm from Yokohama.

(　　　　　　　　　　　　　　　　　　　　　　　　　　　　)

5 次の日本文に合うように，（ ）内の語句を並べかえて，全文を書きなさい。

(1) どちらのかばんが彼女のものですか。

(hers, which, is, bag) ?

_____

(2) その青いほうです。（(1)の答え）

(blue, is, the, one).

_____

(3) ジェーン，あなたたちはどこで昼食をとりますか。

(you, lunch, where, have, do), Jane ?

_____

(4) 私たちは学校のカフェテリアで昼食をとります。（(3)の答え）

(we, the school cafeteria, have, at, it).

_____

6 次の文を英語で書きなさい。

(1) ケンジは今，どこにいますか。

_____

(2) 彼は福岡にいます。（(1)の答え）

_____

(3) あなたはテニスと野球のどちらをしますか。

_____

1
2
3
Step C
4
5
6
Step C
7
8
9
Step C
10
11
12
Step C
13
14
15
16
Step C
会話表現 (1)
17
18
19
20
Step C
21
22
23
24
25
Step C
会話表現 (2)
実力テスト

━━━━━━━━━━━◀ ここで差をつける！ ▶━━━━━━━━━━

where の文でも from は残る

Ken lives **in** Kyoto.	Where does Ken live ?	← in がない
Jane goes **to** the park.	Where does she go ?	← to がない
They are **from** Canada.	Where are they **from** ?	← from がある！

＊ where は「どこ(に)」の意味で，ふつう in や to などの意味を含むが，from の意味
は含まない。

━━━━━━━━━━━━━━━━━▶ Words & Phrases ◀━━━━━━━━━━━━━━━━━

□live「住む」　　□buy「買う」　　□súpermarket「スーパーマーケット」　　□white「白い」　　□blue「青い」

Step **A** ▶ Step **B** ▶ Step **C**

●時　間　30分	●得　点
●合格点　70点	点

解答▶別冊 22 ページ

1 意味が通る対話文になるように，次の絵を見て，＿＿に適語を入れなさい。　　（5点×3—15点）

(1)　　　　　　　　　　　(2)　　　　　　　　　　　(3)

(1)　*A* : ＿＿＿＿＿＿ do you swim ?

　　B : We ＿＿＿＿＿ ＿＿＿＿＿ the river.

(2)　*A* : ＿＿＿＿＿＿ do you play in fall, baseball ＿＿＿＿＿ football ?

　　B : We play ＿＿＿＿＿.

(3)　*A* : ＿＿＿＿＿＿ are you from ?

　　B : I ＿＿＿＿＿ ＿＿＿＿＿ Sydney.

2 次の文の意味を書きなさい。　　（5点×3—15点）

(1)　Is that animal a cat or a dog ? — It's a dog.

　　(　　　　　　　　　　　　　　　　　　　　　　　　　　　　　　　)

(2)　Which computer is Jack's ? — The new one is.

　　(　　　　　　　　　　　　　　　　　　　　　　　　　　　　　　　)

(3)　Where do you ski in winter ? — We ski in Hokkaido.

　　(　　　　　　　　　　　　　　　　　　　　　　　　　　　　　　　)

3 次の対話文が完成するように，＿＿に適語を入れなさい。　　（5点×3—15点）

重要 (1)　A : あなたは夏にどこに行きますか。

　　　　　　　　　　　　　　　　　you　　　　　　　in　　　　　　　?

　　B : ハワイに行きます。

　　　　I ＿＿＿＿＿ ＿＿＿＿＿ Hawaii.

(2)　A : どちらがレストランへ行く近道ですか。

　　　　＿＿＿＿＿ ＿＿＿＿＿ the short way ＿＿＿＿＿ the restaurant ?

　　B : こちらです。

　　　　This way ＿＿＿＿＿.

(3)　A : あなたはあのスーパーマーケットで何を買いますか。

　　　　＿＿＿＿＿ do you ＿＿＿＿＿ ＿＿＿＿＿ that supermarket ?

　　B : 私はそこでたまごを買います。

　　　　I ＿＿＿＿＿ eggs ＿＿＿＿＿.

4 次の絵に合う対話文が完成するように，＿＿に適語を入れなさい。　　　　　　（5点）

New York

Washington, D.C.——★

★capital（首都）

A : Look at this map. This is New York and this is Washington, D.C.

B : ＿＿＿＿＿ ＿＿＿＿＿ the capital of the United States ?

A : ＿＿＿＿＿ is.

5 次の文を（　）内の指示に従って書きかえなさい。　　　　　（5点×4—20点）

(1) Ann's sisters live in Canada.　（下線部が答えの中心となる疑問文に）

＿＿＿＿＿＿＿＿＿＿＿＿＿＿＿＿＿＿＿＿＿＿＿＿＿＿＿＿＿＿

(2) We go to the park on Saturday afternoon.　（下線部が答えの中心となる疑問文に）

＿＿＿＿＿＿＿＿＿＿＿＿＿＿＿＿＿＿＿＿＿＿＿＿＿＿＿＿＿＿

重要 (3) Which is your camera ?　（Which camera で始まるほぼ同じ内容の文に）

＿＿＿＿＿＿＿＿＿＿＿＿＿＿＿＿＿＿＿＿＿＿＿＿＿＿＿＿＿＿

(4) What do you study ?　（文末に math or science を加えて）

＿＿＿＿＿＿＿＿＿＿＿＿＿＿＿＿＿＿＿＿＿＿＿＿＿＿＿＿＿＿

6 次の日本文に合うように，（　）内の語句や符号を並べかえて，全文を書きなさい。

（5点×2—10点）

(1) あなたはどこでギターを練習するのですか。

（ you，where，the guitar，in，practice，do ）?　（1語不要）

＿＿＿＿＿＿＿＿＿＿＿＿＿＿＿＿＿＿＿＿＿＿＿＿＿＿＿＿＿＿

(2) あなたはコーヒーと紅茶のどちらを飲みますか。

（ have，coffee，you，or，which，tea，do / , ）?

＿＿＿＿＿＿＿＿＿＿＿＿＿＿＿＿＿＿＿＿＿＿＿＿＿＿＿＿＿＿

7 次の文を英語で書きなさい。　　　　　（5点×4—20点）

(1) どちらの自転車が彼女のものですか。

＿＿＿＿＿＿＿＿＿＿＿＿＿＿＿＿＿＿＿＿＿＿＿＿＿＿＿＿＿＿

(2) その赤いほうです。((1)の答え)

＿＿＿＿＿＿＿＿＿＿＿＿＿＿＿＿＿＿＿＿＿＿＿＿＿＿＿＿＿＿

(3) あなたたちは日曜日にはどこで夕食をとりますか。

＿＿＿＿＿＿＿＿＿＿＿＿＿＿＿＿＿＿＿＿＿＿＿＿＿＿＿＿＿＿

(4) あのレストランでとります。((3)の答え)

＿＿＿＿＿＿＿＿＿＿＿＿＿＿＿＿＿＿＿＿＿＿＿＿＿＿＿＿＿＿

1
2
3
Step C
4
5
6
Step C
7
8
9
Step C
10
11
12
Step C
13
14
15
16
Step C
会話表現(1)
17
18
19
20
Step C
21
22
23
24
25
Step C
会話表現(2)
実力テスト

▶▶▶▶▶ **Words & Phrases** ◀◀◀◀◀

□swim「泳ぐ」　　□ríver「川」　　□fall「秋」　　□Sýdney「シドニー」　　□ánimal「動物」　　□winter「冬」
□Hawáii「ハワイ」　　□way「道」　　□réstaurant「レストラン」　　□the Uníted Státes「(アメリカ)合衆国」
□práctice「練習する」

Step A 〉 Step B 〉 Step C

●時 間 40分　●得 点
●合格点 70点　　　　点

解答▶別冊 23 ページ

1 次の文を読むとき，文の終わりを上げ調子で読むものには ♪ を，下げ調子で読むものには ↘ を書きなさい。

（2 点×5―10 点）

(1) Do you get up at six ?

(2) Where do you swim in summer ?

(3) Who are those boys and girls ?

(4) Don't play video games now.

(5) Please help your teacher, John.

(1)
(2)
(3)
(4)
(5)

2 次の（　）内から適語を選び，記号で答えなさい。

（3 点×5―15 点）

(1) （ア What　イ Where　ウ Who ）are you from ?

(2) Those boys（ア am　イ are　ウ is ）my classmates.

(3) This is Tom. I know（ア he　イ his　ウ him ）very well.

(4) （ア Where　イ Who　ウ Whose ）radio is that ?

(5) The blue cap is（ア she's　イ her　ウ hers ）.

(1)
(2)
(3)
(4)
(5)

重要 **3** 次の絵を見て，問いに対する答えとして最も適するものを選び，記号で答えなさい。

（5 点×4―20 点）

(1)
(2)
(3)
(4)

(1) Who are these boys ?

ア　Yes, they are.　イ　No, they aren't.

ウ　They are Ken and Mike.

Ken　Mike

(2) Whose is this car?

ア　It's Bob's.　イ　He is Bob.

ウ　No, it isn't.

Bob

(3) Where are these girls from ?

ア　She is from Australia.　イ　It's Australia.

ウ　They are from Australia.

(4) Which bike is yours ?

ア　It's a bike.　イ　This one is.

ウ　No, it isn't.

4 次の文を( )内の指示に従って書きかえなさい。

(1) That's my aunt's house. (That house で始まるほぼ同じ内容の文に)

(2) Those girls are <u>Yuki and Mari</u>. (下線部が答えの中心となる疑問文に)

(3) My brothers live <u>in Hokkaido</u>. (下線部が答えの中心となる疑問文に)

(4) This red hat is <u>Sayuri's</u>. (下線部が答えの中心となる疑問文に)

(5) <u>These</u> are English dictionaries. (下線部を単数形にかえて)

(5点×5—25点)

(1)	
(2)	
(3)	
(4)	
(5)	

5 次の文の意味を書きなさい。

(1) Which do you play in spring, tennis or baseball ?

(2) Whose camera is this ? — It's mine.

(3) Those boys are Mike and Tom. I always go to school with them.

(5点×3—15点)

(1)	
(2)	
(3)	

6 次のような場合，あなたは英語でどう言いますか。その文を書きなさい。

(1) 遠くにいる背の高い女性がだれなのかを聞きたいとき。

(2) 相手が放課後にどこで英語を勉強するのかを聞きたいとき。

(3) 遠くの相手に「こっちに来て私たちを手伝って」とていねいに頼むとき。

(5点×3—15点)

(1)	
(2)	
(3)	

1
2
3
Step
C
4
5
6
Step
C
7
8
9
Step
C
10
11
12
Step
C
13
14
15
16
Step
C
会話表現
(1)
17
18
19
20
Step
C
21
22
23
24
25
Step
C
会話表現
(2)
実力
テスト

13 What time 〜 ? / When 〜 ?

Step A ⟩ Step B ⟩ Step C ⟩

解答▶別冊 23 ページ

1 次の各問は英語で時刻を表しています。例にならって数字で表しなさい。

例　It's eight ten.　（8 時 10 分）

(1)　It's eleven.　　　　　（　　　　）　　(2)　It's seven thirty.　　　（　　　　）

(3)　It's three forty-five.　（　　　　）　　(4)　It's four fifteen.　　　（　　　　）

2 次の文の（　）内から適語を選び，○で囲みなさい。

(1)　(What,　Which) time is it now ? — It's nine o'clock.

(2)　What time is it in New York ? — (Its,　It's) three in the morning.

(3)　(When,　Where) do you go to the park ? — I go there on Saturday.

(4)　(When,　Where) do you play the guitar ? — I play it after school.

(5)　(When,　Where) do you buy milk ? — I buy it at the supermarket.

3 次の英文の意味を書きなさい。

(1)　When do you study science ? — I study it on Monday.

　　（　　　　　　　　　　　　　　　　　　　　　　　　　　　　　　　　）

(2)　What time is it now? — It's two twenty-five.

　　（　　　　　　　　　　　　　　　　　　　　　　　　　　　　　　　　）

(3)　What time do you go to bed ? — I go to bed at eleven.

　　（　　　　　　　　　　　　　　　　　　　　　　　　　　　　　　　　）

4 次の絵に合う対話文が完成するように，＿＿に適語を入れなさい。

(1)

A: Excuse ＿＿＿＿＿＿＿.

　　What ＿＿＿＿＿＿ is ＿＿＿＿＿＿ now ?

B: ＿＿＿＿＿＿ ＿＿＿＿＿＿ by my watch.

A: Thank you very much.

(2)

いつテレビ
を見るの？

夕食の
あと。

A: ＿＿＿＿＿＿ ＿＿＿＿＿＿ you watch TV, Jane ?

B: I ＿＿＿＿＿＿ it ＿＿＿＿＿＿ dinner.

5 次の文を（ ）内の指示に従って書きかえなさい。

(1) It's six o'clock now. （下線部が答えの中心となる疑問文に）

_____

(2) I read books after lunch. （下線部が答えの中心となる疑問文に）

_____

(3) It's four twenty-five. （「私の時計では」という意味の語句を加えて）

_____

6 次の対話文が完成するように，____に適語を入れなさい。

(1) A：あなたは何時に学校に来ますか。

　　_____ time _____ you come to school ?

　B：私はたいてい 8 時に学校に来ます。

　　I _____ come to school _____ eight.

(2) A：マイクはいつギターを練習しますか。

　　_____ _____ Mike practice the guitar ?

　B：彼は夕食前にギターを練習します。

　　He _____ it _____ dinner.

7 次の文を英語で書きなさい。

(1) パリ（Paris）では何時ですか。

_____

(2) 夜の 9 時 40 分です。（(1)の答え）

_____

(3) あなたはいつテニスをしますか。

_____

(4) 火曜日にします。（(3)の答え）

_____

ここで差をつける！

現在の時刻を問う文と，行動する時刻を問う文

・What time **is it** now ?　　（現在の時刻を問う）　　It's three thirty.
　　　　is it が続く　　　　　　　　　　　　　　答えるときに at がいらない
・What time **do you** get up ?（行動する時刻を問う）　I usually get up **at** six.
　　　　一般動詞の疑問文が続く　　　　　　　　答えるときに **at** が必要

========================= ▶ **Words & Phrases** ◀ =========================

□o'clóck「～時（ちょうど）」　　□in the morning「午前に」
□by my watch「私の時計では」

Step A ▷ Step B ▷ Step C

●時　間　30分　●得　点
●合格点　70点　　　　　　点

解答▶別冊 24 ページ

1 次の問いに時計を見て英語で答えなさい。　　　　　（3点×4—12点）

（問い）　What time is it ?

(1)　　　　　　　　(2)　　　　　　　　(3)　　　　　　　　(4)

(1) _____　　(2) _____

(3) _____　　(4) _____

2 次の___にあてはまる語を下から選びなさい。ただし，書き入れる必要のないところには×印を入れなさい。　　　　　（3点×5—15点）

(1)　Keiko plays tennis _____ Saturday.

(2)　I always come home _____ eleven thirty.

(3)　They play football _____ fall.

(4)　It's _____ five o'clock_____ the evening now.

(5)　Father practices golf _____ every Sunday.

〔 at, in, on 〕

3 次の文の答えとして最も適するものを下から選び，記号で答えなさい。　　　　　（3点×5—15点）

(1)　When do you go shopping ?　　　　　　　　　　（　　　）

(2)　What time is it now in Sydney ?　　　　　　　　（　　　）

(3)　What does Tom do after dinner ?　　　　　　　　（　　　）

(4)　Do you leave for school at eight ?　　　　　　　（　　　）

(5)　What time does your school start ?　　　　　　　（　　　）

ア　It starts at eight fifteen.	イ　On Saturday.
ウ　At the supermarket.	エ　It's two in the afternoon.
オ　Yes, I do.	カ　He watches a baseball game on TV.

4 次の問いの答えの文を，（　）内の指示に従って，主語と動詞のある英語で書きなさい。　　　　　（5点×2—10点）

(1)　When does your father take a walk ?　（「朝食前にする」と答える）

_____

(2)　What time does your mother get up ?　（「5 時に起きる」と答える）

_____

5 次の対話文が完成するように，＿＿に適語を入れなさい。 （5点×2—10点）

重要 (1)　A：サンフランシスコでは今，何時ですか。

What ＿＿＿＿＿ is ＿＿＿＿＿ now ＿＿＿＿＿ San Francisco ?

B：午前8時15分です。

＿＿＿＿＿ ＿＿＿＿＿ ＿＿＿＿＿ in the ＿＿＿＿＿.

(2)　A：彼らはいつ歴史の勉強しますか。

＿＿＿＿＿ ＿＿＿＿＿ they ＿＿＿＿＿ history ?

B：火曜日，木曜日，そして土曜日です。

＿＿＿＿＿ Tuesday, ＿＿＿＿＿, and ＿＿＿＿＿.

6 次の日本文に合うように，（　）内の語句を並べかえて，全文を書きなさい。 （5点×4—20点）

(1)　あなたの時計では何時ですか。

(it, is, your, by, what, time, watch)?

＿＿＿＿＿＿＿＿＿＿＿＿＿＿＿＿＿＿＿＿＿＿＿＿＿＿＿＿

(2)　トムのお姉さんは何時に家に帰りますか。

(home, time, Tom's, what, come, sister, does)?

＿＿＿＿＿＿＿＿＿＿＿＿＿＿＿＿＿＿＿＿＿＿＿＿＿＿＿＿

(3)　ジェーンはいつハワイへ向かいますか。

(does, Hawaii, Jane, for, when, leave)?

＿＿＿＿＿＿＿＿＿＿＿＿＿＿＿＿＿＿＿＿＿＿＿＿＿＿＿＿

(4)　みんなまだ寝ています。

(still, bed, is, in, everyone).

＿＿＿＿＿＿＿＿＿＿＿＿＿＿＿＿＿＿＿＿＿＿＿＿＿＿＿＿

7 次の文を英語で書きなさい。 （6点×3—18点）

(1)　あなたは何時に起きますか。

＿＿＿＿＿＿＿＿＿＿＿＿＿＿＿＿＿＿＿＿＿＿＿＿＿＿＿＿

(2)　私はたいてい7時ごろに起きます。

＿＿＿＿＿＿＿＿＿＿＿＿＿＿＿＿＿＿＿＿＿＿＿＿＿＿＿＿

(3)　あなたのお兄さんはいつ家を出ますか。(leave home)

＿＿＿＿＿＿＿＿＿＿＿＿＿＿＿＿＿＿＿＿＿＿＿＿＿＿＿＿

1
2
3
Step C
4
5
6
Step C
7
8
9
Step C
10
11
12
Step C
13
14
15
16
Step C
会話表現(1)
17
18
19
20
Step C
21
22
23
24
25
Step C
会話表現(2)
実力テスト

- ▶ **Words & Phrases** ◀ -

□álways「いつも」　□home「家庭，家に〔へ〕」　□come home「帰宅する」　□golf「ゴルフ」
□leave for ～「～へ出かける」　□start「始まる」　□take a walk「散歩する」
□éveryone「だれでも，みんな」　□still「まだ」

14 What day is it ? / What's the date ?

Step A 〉 Step B 〉 Step C 〉

解答▶別冊 25 ページ

1 次の＿＿に適語を入れて，月を表す単語を書きなさい。

1 月	(1)＿＿＿＿＿	2 月	February	3 月	(2)＿＿＿＿＿
4 月	(3)＿＿＿＿＿	5 月	(4)＿＿＿＿＿	6 月	June
7 月	(5)＿＿＿＿＿	8 月	August	9 月	(6)＿＿＿＿＿
10 月	October	11 月	(7)＿＿＿＿＿	12 月	(8)＿＿＿＿＿

2 次の＿＿に適語を入れて，曜日を表す単語を書きなさい。

月曜日	Monday	火曜日	(1)＿＿＿＿＿	水曜日	(2)＿＿＿＿＿
木曜日	(3)＿＿＿＿＿	金曜日	(4)＿＿＿＿＿	土曜日	Saturday
日曜日	(5)＿＿＿＿＿				

3 次の対話文が完成するように，＿＿に適語を入れなさい。

(1) A：あなたの誕生日はいつですか。　＿＿＿＿＿ is your ＿＿＿＿＿ ?

　　B：3 月 2 日です。　＿＿＿＿＿ is ＿＿＿＿＿ 2.

(2) A：今日は何曜日ですか。

　　＿＿＿＿＿ day of the ＿＿＿＿＿ is ＿＿＿＿＿ today ?

　　B：水曜日です。＿＿＿＿＿ is ＿＿＿＿＿.

(3) A：今日は(何月)何日ですか。

　　＿＿＿＿＿ day ＿＿＿＿＿ the ＿＿＿＿＿ is ＿＿＿＿＿ today ?

　　B：6 月 8 日です。＿＿＿＿＿ is ＿＿＿＿＿ 8.

(4) A：今日は(何月)何日ですか。

　　＿＿＿＿＿ ＿＿＿＿＿ the date today ?

　　B：10 月 18 日です。＿＿＿＿＿ is ＿＿＿＿＿ 18.

4 次の文の答えとして最も適するものを右から選び，記号で答えなさい。

(1) What day is it today ?　　　　　　　（　　）

(2) When is Kumi's birthday ?　　　　　（　　）

(3) What does Jane have ?　　　　　　（　　）

(4) What time is it now ?　　　　　　　（　　）

ア　She has a birthday cake.
イ　It's twelve five.
ウ　It's Friday.
エ　It's September 20.

5 次のカレンダーを見て，____に適する語や数字を入れなさい。

(1)
| 1月 |
| 2日 |
| (金) |

(2)
| 11月 |
| 8日 |
| (木) |

(3)
| 5月 |
| 17日 |
| (月) |

(1) What day of the month is it today ? — It's _____ _____.

(2) What day of the week is it today ? — It's _____.

(3) What's the date today ? — It's _____ _____.

6 次の文の意味を書きなさい。

(1) Spring has three months : March, April and May.
(　　　　　　　　　　　　　　　　　　　　　　　　　　　　)

(2) My birthday is September 20.
(　　　　　　　　　　　　　　　　　　　　　　　　　　　　)

(3) What day is it today ? — It is Friday.
(　　　　　　　　　　　　　　　　　　　　　　　　　　　　)

7 次の日本文に合うように，（　）内の語句を並べかえて，全文を書きなさい。

(1) 今日は何月何日ですか。　（ today, what's, date, the ）?

_____

(2) クリスマスは 12 月 25 日です。　（ Christmas, December, is, 25 ）.

_____

(3) あなたは誕生日にパーティーを開きますか。
（ birthday, a, party, have, on, you, do, your ）?

_____

▶ **ここで差をつける！**

when, where と be 動詞の文

・When <u>is</u> your birthday ?　　　　— It's April 3.（時を示す前置詞は不要）
　When is ～ ?（～はいつですか）　　My birthday = April 3

・Where <u>is</u> Mike ?　　　　　　　— He is **in** the park.（場所を示す<u>前置詞が</u>**必要**）
　Where is ～ ?（～はどこにいますか）　× He is the park. だ と 「彼^{かれ}が公園だ」という
　　　　　　　　　　　　　　　　　　　意味の通らない文になる

▶ **Words & Phrases** ◀

□Jánuary「1月」　　□Fébruary「2月」　　□March「3月」　　□Ápril「4月」
□May「5月」　　□June「6月」　　□Julý「7月」　　□Áugust「8月」　　□Septémber「9月」
□Octóber「10 月」　　□Novémber「11 月」　　□Decémber「12 月」　　□week「週」
□month「（1 年の）月」　　□date「日付」　　□Christmas「クリスマス」　　□párty「パーティー」

1
2
3
Step C
4
5
6
Step C
7
8
9
Step C
10
11
12
Step C
13
14
15
16
Step C
会話表現(1)
17
18
19
20
Step C
21
22
23
24
25
Step C
会話表現(2)
実力テスト

Step A　Step B　Step C

●時　間　30分	●得　点
●合格点　70点	点

解答▶別冊 26 ページ

1 次の単語を読むとき，いちばん強く発音する部分の記号を○で囲みなさい。　（2点×6―12点）

(1) Jan-u-ar-y　(January)
　　ア　イ　ウ　エ

(2) Au-gust　(August)
　　ア　イ

(3) Ju-ly　(July)
　　ア　イ

(4) De-cem-ber　(December)
　　ア　イ　　ウ

(5) Oc-to-ber　(October)
　　ア　イ　ウ

(6) A-pril　(April)
　　ア　イ

2 次の___にあてはまる語を下から選びなさい。ただし，書き入れる必要がないところは×印を書きなさい。また，同じものを2度使ってもかまいません。　（2点×7―14点）

(1) It's nine o'clock _____ my watch.

(2) My uncle lives _____ Tokyo.

(3) My brother listens _____ the radio _____ every morning.

(4) I sometimes go _____ there _____ him _____ Sunday.

(5) I get up _____ six forty-five.　（6時45分に）

(6) What do you have _____ lunch ?

(7) Father sometimes takes me _____ the stadium.

〔at, by, for, in, on, to, with 〕

3 次の日本文に合うように，___に適語を入れなさい。　（4点×6―24点）

(1) 1週間の最初の日は日曜日ですか，それとも月曜日ですか。

Is the _____ day of the _____ Sunday or _____ ?

(2) 1年の2番目の月は2月です。

The _____ _____ of the _____ is _____ .

(3) 8月は1年の8番目の月です。

_____ is the _____ _____ of the year.

(4) 12月は1年の最後の月です。

_____ is the _____ _____ of the _____ .

(5) 1年には4つの季節があります。すなわち，春，夏，秋，冬です。

A _____ has _____ _____ : spring, _____ , fall and _____ .

(6) 日本では，春は1年で最初の季節です。

_____ is the _____ _____ of the _____ in Japan.

4 次の対話文が完成するように，＿＿に適語を入れなさい。 （4点×2―8点）

(1) A：あなたのお母さんの誕生日はいつですか。

＿＿＿＿＿＿＿ ＿＿＿＿＿＿＿ your mother's ＿＿＿＿＿＿ ?

B：今日が彼女の誕生日です。 ＿＿＿＿＿＿ ＿＿＿＿＿＿ her ＿＿＿＿＿＿ .

(2) A：1 年の 3 番目の月は何月ですか。

What is the ＿＿＿＿＿＿ month of the year ?

B：3 月です。 ＿＿＿＿＿＿ is ＿＿＿＿＿＿ .

5 次の文の意味を書きなさい。 （5点×2―10点）

(1) Please come to my birthday party, Jane.

（　　　　　　　　　　　　　　　　　　　　　　　　　　　　）

(2) In our shcool we don't have a sports day in October.

（　　　　　　　　　　　　　　　　　　　　　　　　　　　　）

6 次の文を下線部が答えの中心となる疑問文に書きかえなさい。 （4点×5―20点）

(1) It's Sunday today.

_____

(2) It's January 10 today.

_____

(3) It's two thirty-five now.

_____

(4) Spring has three months.

_____

(5) I go to bed at eleven.

_____

7 次の文を英語で書きなさい。 （4点×3―12点）

(1) あなたのお兄さんの誕生日はいつですか。―6 月 30 日です。

_____

(2) あなたの時計では，今，何時ですか。

_____

(3) オーストラリアでは，今，夏です。

_____

-------------------------------------▶ **Words & Phrases** ◀-------------------------------------

□stádium「スタジアム，競技場」　□first「最初の，1 番目の」　□sécond「2 番目の」
□éighth「8 番目の」　□last「最後の」　□séason「季節」　□third「3 番目の」
□sports day「運動会（の日）」

15 Who uses this bike ?

Step A 〉 Step B 〉 Step C

解答▶別冊 26 ページ

1 次の文の意味を書きなさい。

(1) Who rides this bike ? — Bob does.

(　　　　　　　　　　　　　　　　　　　　　　　　　　　　　　　)

(2) Who helps your mother ? — My sisters do.

(　　　　　　　　　　　　　　　　　　　　　　　　　　　　　　　)

(3) Who takes your dog for a walk ? — I do.

(　　　　　　　　　　　　　　　　　　　　　　　　　　　　　　　)

(4) What do you do after school ? — I usually play tennis.

(　　　　　　　　　　　　　　　　　　　　　　　　　　　　　　　)

(5) What sport do you like ? — I like rugby.

(　　　　　　　　　　　　　　　　　　　　　　　　　　　　　　　)

2 次の(　)内から適語を選び，○で囲みなさい。

(1) (Who,　Whose) goes shopping with you ?

(2) Who (open,　opens) this window ?

(3) What does he (do,　does) after dinner ?

(4) (What,　Who) subject do you like ?

(5) (What,　Who) teaches English at your school ?

3 次の対話文が完成するように，＿＿に適語を入れなさい。

(1) A: あの年配の女性はだれですか。

＿＿＿＿＿＿＿＿ ＿＿＿＿＿＿＿ that old woman ?

B: 彼女(かのじょ)は私の祖母です。

＿＿＿＿＿＿＿ ＿＿＿＿＿＿＿ my grandmother.

(2) A: だれが日曜日にその自動車を洗いますか。

＿＿＿＿＿＿＿＿ ＿＿＿＿＿＿＿ the car on Sunday ?

B: 加藤(かとう)さんです。

Mr. Kato ＿＿＿＿＿＿＿.

(3) A: だれが毎朝ケンといっしょに学校へ行きますか。

＿＿＿＿＿＿＿＿ ＿＿＿＿＿＿＿ to school ＿＿＿＿＿＿ Ken every morning ?

B: タケシと彼(かれ)の弟です。

Takeshi and ＿＿＿＿＿＿ brother ＿＿＿＿＿＿.

4 次の文を下線部が答えの中心となる疑問文に書きかえなさい。

(1) My mother makes good curry.
_____

(2) Emi runs every Saturday morning.
_____

(3) I play baseball in the park.
_____

(4) Those boys are Mike and Tom.
_____

5 次の日本文に合うように, ( )内の語句を並べかえて, 全文を書きなさい。

(1) あなたのお母さんは日曜日に何をしますか。
(your, Sunday, do, what, does, mother, on)?
_____

(2) だれが毎朝朝食を作りますか。
(morning, who, makes, every, breakfast)?
_____

(3) あなたはどんな映画を好みますか。
(you, movies, like, what, do)?
_____

6 次の文を英語で書きなさい。

(1) だれがその辞書を使いますか。
_____

(2) 私の弟が使います。((1)の答え)
_____

(3) あなたは昼食後に何をしますか。
_____

1
2
3
Step C
4
5
6
Step C
7
8
9
Step C
10
11
12
Step C
13
14
15
16
Step C
会話表現(1)
17
18
19
20
Step C
21
22
23
24
25
Step C
会話表現(2)
実力テスト

ここで差をつける！

人について問う文と, 行動する人物を問う文

- Who <u>is that woman</u>?　（「どういう人か」を問う）　— She's <u>my English teacher.</u>
  be 動詞の疑問文が続く　　　　　　　　　　　　　　　　↑ that woman について
- Who <u>makes a cake</u>?　（「だれがするのか」を問う）— <u>My mother</u> does.
  一般動詞（語尾に s がつく）が続く　　　　　　　　　↑行動する人物

▶ Words & Phrases ◀

□rúgby「ラグビー」　□go shópping「買い物に行く」　□súbject「教科」　□grándmother「祖母」
□cúrry「カレー」

Step A 〉 Step B 〉 Step C 〉

●時　間 30分	●得　点
●合格点 70点	点

解答▶別冊 27 ページ

1 次の（ ）内から適語を選び，記号で答えなさい。　　　　　　　　（2点×6―12点）

(1) （ ア Who　イ What　ウ Whose) plays soccer in your family ?　　　（　　　）

(2) （ ア Who　イ What　ウ Whose) do you do after dinner ?　　　（　　　）

(3) （ ア Who　イ Whose　ウ Which) is your bag ?　　　（　　　）

(4) （ ア When　イ Whose　ウ Where) is my cap ?　　　（　　　）

(5) （ ア When　イ Whose　ウ Where) car is that ?　　　（　　　）

(6) （ ア When　イ What　ウ Where) do you see on the desk ?　　　（　　　）

2 次の対話文が完成するように，＿＿に適語を入れなさい。　　　　　　　（4点×4―16点）

(1) A： だれがこの部屋をそうじしますか。

　　＿＿＿＿＿＿ ＿＿＿＿＿＿ this room ?

　 B： マユミです。

　　Mayumi ＿＿＿＿＿＿.

(2) A： ブラジルではどんな言語を話しますか。

　　＿＿＿＿＿＿ language ＿＿＿＿＿＿ they speak in Brazil ?

　 B： ポルトガル語を話します。

　　They ＿＿＿＿＿＿ Portuguese.

(3) A： だれが土曜日の朝に図書館へ行きますか。

　　＿＿＿＿＿＿ ＿＿＿＿＿＿ to the library ＿＿＿＿＿＿ Saturday morning ?

　 B： 私の妹たちです。

　　My sisters ＿＿＿＿＿＿.

(4) A： あなたのお姉さんはどんな本が好きですか。

　　＿＿＿＿＿＿ ＿＿＿＿＿＿ ＿＿＿＿＿＿ your sister like ?

　 B： 彼女（かのじょ）は『ハリー・ポッター』が好きです。

　　She ＿＿＿＿＿＿ "Harry Potter."

3 次の文の答えとして最も適するものを右から選び，記号で答えなさい。　（3点×5―15点）

(1) Which is your dictionary, this or that ?　　（　　　）

(2) Who plays the violin at the concert ?　　（　　　）

(3) Where do you take your dog for a walk ?　　（　　　）

(4) When do you visit your uncle in London ?　　（　　　）

(5) What time does Ken usually go to bed ?　　（　　　）

ア	About eleven.
イ	Every summer.
ウ	It's on the desk.
エ	To the park.
オ	This is.
カ	Mary does.

4 次の（ ）にあてはまる語を右から選び，（ ）内にその記号を書きなさい。ただし，同じ語を2回使ってはいけません。 （2点×6―12点）

(1) Wednesday comes （　　　） Tuesday.

(2) What time do you usually leave （　　　） school ?

(3) What do you do here （　　　） Jim ?

(4) My father takes a walk （　　　） breakfast.

(5) Which is the way （　　　） the station ?

(6) What do you have （　　　） your bag ?

ア	after	イ	before
ウ	for	エ	of
オ	in	カ	to
キ	with		

5 次の文を下線部が答えの中心となる疑問文に書きかえなさい。 （5点×3―15点）

(1) We have a sports day in October.

(2) Miho plays tennis with Keiko.

(3) Baseball is my favorite sport.

6 次の日本文に合うように，（ ）内の語句や符号を並べかえて，全文を書きなさい。 （5点×3―15点）

(1) どちらがあなたの自転車ですか，これですか，それともあれですか。
(your, is, or, bike, this, that, which, one, one / ,) ?

(2) だれがあなたの学校で理科を教えますか。
(at, school, teaches, who, your, science) ?

(3) おりの中にどんな動物がいますか。
(cage, see, what, do, animals, the, you, in) ?

7 次の文を英語で書きなさい。 （5点×3―15点）

(1) 毎朝だれがここへ来ますか。

(2) あなたは日曜日には何をしますか。

(3) あなたのお父さんはどんなスポーツをしますか。

▶ **Words & Phrases** ◀
□see「(人や物など)が見える」　□lánguage「ことば，言語」　□speak「～を話す」
□Brazil「ブラジル」　□Portuguese「ポルトガル語」　□violín「バイオリン」
□fávorite「お気に入りの，大好きな」　□cáge「(動物の)おり」

16 How old 〜 ?

Step A 〉 Step B 〉 Step C

解答▶別冊 28 ページ

1 次の文の答えとして最も適するものを右から選び，記号で答えなさい。

(1) How old is Bob ?　　　　　　　　　（　　　）

(2) How tall is your brother ?　　　　　（　　　）

(3) How is your father ?　　　　　　　（　　　）

(4) Who is that boy ?　　　　　　　　（　　　）

> ア　He is Bob.
> イ　My father is tall.
> ウ　He is 165 centimeters tall.
> エ　He is twelve years old.
> オ　He is fine, thank you.

2 次の＿＿に what, how, who, whose の中から適切な語を選び，書きなさい。

(1) ＿＿＿＿＿＿ many apples do you want ?

(2) ＿＿＿＿＿＿ time do you have lunch ?

(3) ＿＿＿＿＿＿ father is that tall man ?

(4) ＿＿＿＿＿＿ tall is Dick's brother ?

(5) ＿＿＿＿＿＿ is the boy under the tree ?

(6) ＿＿＿＿＿＿ day is it today ?

3 次の対話文が完成するように，＿＿に適語を入れなさい。ただし，数字も英語で書くこと。

(1) A : ケイコ，こんにちは。お元気ですか。

　　　Hi, Keiko. ＿＿＿＿＿＿ are ＿＿＿＿＿＿ ?

　　B : 元気です，ありがとう。あなたは？

　　　＿＿＿＿＿＿ fine, ＿＿＿＿＿＿ you. And you ?

(2) A : あの橋はとても長いですね。どのくらいの長さですか。

　　　That bridge is very long. ＿＿＿＿＿＿ ＿＿＿＿＿＿ is it ?

　　B : 約 400 メートルです。

　　　It's about 400 meters ＿＿＿＿＿＿.

(3) A : あなたのお父さんは何歳（さい）ですか。

　　　＿＿＿＿＿＿ ＿＿＿＿＿＿ is your father ?

　　B : 44 歳です。

　　　He's ＿＿＿＿＿＿ ＿＿＿＿＿＿ ＿＿＿＿＿＿.

4 意味が通る対話文になるように，次の絵を見て，＿＿に適語を入れなさい。ただし，数字も英語で書くこと。

(1)

100
m

(2) 18歳

(1) ＿＿＿＿＿＿＿ ＿＿＿＿＿＿＿ is that building ?

— ＿＿＿＿＿＿ about ＿＿＿＿＿＿ ＿＿＿＿＿＿ ＿＿＿＿＿＿ tall.

(2) ＿＿＿＿＿＿ ＿＿＿＿＿＿ is your sister ?

— She is ＿＿＿＿＿＿＿＿＿＿ old.

5 次の日本文に合うように，（　）内の語句を並べかえて，全文を書きなさい。

(1) この本はいくらですか。　（ much, this, is, how, book ）？

＿＿＿＿＿＿＿＿＿＿＿＿＿＿＿＿＿＿＿＿＿＿＿＿＿＿

(2) 私たちの学校は創立 20 年です。　（ our, twenty, years, is, school, old ）．

＿＿＿＿＿＿＿＿＿＿＿＿＿＿＿＿＿＿＿＿＿＿＿＿＿＿

(3) ロンドンの天気はどうですか。

（ in, the weather, is, London, how ）？

＿＿＿＿＿＿＿＿＿＿＿＿＿＿＿＿＿＿＿＿＿＿＿＿＿＿

6 次の文を英語で書きなさい。ただし，(3)は数字も英語で書くこと。

(1) あなたのお兄さんはいかがお過ごしですか。

＿＿＿＿＿＿＿＿＿＿＿＿＿＿＿＿＿＿＿＿＿＿＿＿＿＿

(2) あなたは背の高さがどれくらいですか。— 170 cm です。

＿＿＿＿＿＿＿＿＿＿＿＿＿＿＿＿＿＿＿＿＿＿＿＿＿＿

(3) あなたは何歳ですか。— 13 歳です。

＿＿＿＿＿＿＿＿＿＿＿＿＿＿＿＿＿＿＿＿＿＿＿＿＿＿

1
2
3
Step C
4
5
6
Step C
7
8
9
Step C
10
11
12
Step C
13
14
15
16
Step C
会話表現 (1)
17
18
19
20
Step C
21
22
23
24
25
Step C
会話表現 (2)
実力テスト

━━━━━ ここで差をつける！ ━━━━━

状態を問う文と，手段を問う文

・How is your mother ?　　（主語の状態を問う）　　　— She's fine.
　　be 動詞の疑問文が続く　　　　　　　　　　　　　↑主語の状態

・How do you go there ?　　（ go there の手段を問う）　— I go there by bus.
　　一般動詞の疑問文が続く　　　　　　　　　　　　　↑交通手段

▶ **Words & Phrases** ◀

□how「どれくらい，どんな方法で」　□céntimeter「センチメートル」

□～ year(s) old「（年齢が）～歳で」　□únder「～の下に」　□bridge「橋」　□long「長い」

□méter「メートル」　□much「（量が）たくさんの」　□wéather「天気」

Step A 〉 Step B 〉 Step C

●時 間 30分　●得 点
●合格点 70点　　　　点

解答▶別冊 29 ページ

1 次の単語を読むとき，いちばん強く発音する部分の記号を○で囲みなさい。　(2 点×4—8 点)

(1)　build-ing　（building）
　　　ア　イ

(2)　me-ter　（meter）
　　　ア　イ

(3)　hun-dred　（hundred）
　　　ア　イ

(4)　un-der　（under）
　　　ア　イ

2 次の C と D の関係が，A と B の関係と同じになるように D に適語を書きなさい。
　　(2 点×3—6 点)

	A	B	C	D
(1)	spring	fall	summer	_____
(2)	day	night	morning	_____
(3)	one	first	three	_____

3 次の文の答えとして最も適するものを下から選び，記号で答えなさい。　(3 点×6—18 点)

(1)　How high is that mountain ?　　　　　　　　　　　　　　　　（　　　）

(2)　How do you come to school ?　　　　　　　　　　　　　　　（　　　）

(3)　How much is the bag ?　　　　　　　　　　　　　　　　　　（　　　）

(4)　How long do you watch TV every day ?　　　　　　　　　　（　　　）

(5)　How is the weather in Canada in summer ?　　　　　　　　（　　　）

(6)　How old is your school ?　　　　　　　　　　　　　　　　　（　　　）

ア　It's cool.	イ　I come here by bus.
ウ　For about two hours.	エ　It's nine hundred yen.
オ　It's about six hundred meters high.	カ　It's twenty years old.

4 次の対話文が完成するように，____ に適語を入れなさい。　(4 点×2—8 点)

(1)　A：あなたはどうやってその店に行くのですか。

　　　　_____ do you go to the _____ ?

　　B：電車で行きます。

　　　　I go there _____ _____ .

(2)　A：運賃はいくらですか。

　　　　_____ _____ is the fare ?

　　B：230 円です。

　　　　It's two _____ and thirty yen.

5 次の文の意味を書きなさい。 (5点×2―10点)

(1) How long do you study English every day ? — Well, for about an hour.
  (　　　　　　　　　　　　　　　　　　　　　　　　　　　　　)

(2) How is the weather in Australia in December ? — It's hot.
  (　　　　　　　　　　　　　　　　　　　　　　　　　　　　　)

6 次の文を下線部が答えの中心となる疑問文に書きかえなさい。 (4点×5―20点)

重要 (1) The hamburger is <u>two hundred and sixty yen</u>.

_____

(2) My brother is <u>eighteen years old</u>.

_____

(3) The tower is <u>120 meters tall</u>.

_____

重要 (4) Emi goes to the library <u>by bike</u>.

_____

(5) Tom's sister plays the piano <u>for an hour</u> every day.

_____

7 次の日本文に合うように，（　）内の語句を並べかえて，全文を書きなさい。ただし，不要な語が1語あります。 (6点×3―18点)

(1) あの建物はどのくらい古いですか。
  (old, building, is, how, tall, that) ?

_____

(2) 約40年前に建ちました。((1)の答え)
  (years, old, it's, about, before, forty).

_____

(3) 私の背の高さは1メートル60センチです。
  (one, I'm, and, high, sixty, meter, centimeters, tall).

_____

8 次の文を英語で書きなさい。 (6点×2―12点)

(1) あなたの英語の先生は何歳ですか。― 38歳です。

_____

(2) ジェーンはどのようにして学校へ行きますか。

_____

1
2
3
Step C
4
5
6
Step C
7
8
9
Step C
10
11
12
Step C
13
14
15
16
Step C
会話表現(1)
17
18
19
20
Step C
21
22
23
24
25
Step C
会話表現(2)
実力テスト

▶ **Words & Phrases** ◀

□high「高い」　□móuntain「山」　□wéather「天気」　□cool「涼しい」　□hour「時間」(an hour「1時間」hour はhを発音しないで[auər]と発音する。母音の発音で始まっているので，冠詞はaではなくanとする)
□train「電車」　□fare「運賃」　□tówer「塔」

Step A　Step B　Step C

●時　間　40分　●得　点
●合格点　70点　　　　点

解答▶別冊 30 ページ

1 次の文を文中で1回だけ区切って読むとすれば，どこで区切りますか。例にならって，区切る場所の次の単語を書きなさい。　　　（2点×4—8点）

例　I play tennis / with Tom.　（答え）with
(1)　What do you play after school ?
(2)　We study English at school.
(3)　What do you say to your parents in the evening ?
(4)　Jack has breakfast at seven thirty.

(1)
(2)
(3)
(4)

2 次の（ ）内から適語を選び，記号で答えなさい。　（3点×4—12点）
(1)　Bob lives（ ア at　イ in　ウ on ）New York.
(2)　I go to bed（ ア at　イ for　ウ on ）ten thirty.
(3)　（ ア What　イ When　ウ Where ）do you practice the piano in the room ?
(4)　Who（ ア is　イ use　ウ uses ）this bike ?

(1)
(2)
(3)
(4)

3 次の文の答えとして最も適するものを下から選び，記号で答えなさい。　（4点×5—20点）
(1)　How much is this T-shirt ?
(2)　What time is it now ?
(3)　How old is your mother ?
(4)　How do you go to the stadium ?
(5)　What day of the month is it today ?

(1) (2)
(3) (4)
(5)

ア　I go there by bus.　イ　She is thirty-eight.
ウ　It's five hundred yen.　エ　It's eleven thirty-five.
オ　It's July 25.　カ　She is 160 centimeters tall.

4 次の文の意味を書きなさい。
(1)　I like music. How about you ?
(2)　What does Ken do on Sunday afternoon ?

（3点×2—6点）
(1)
(2)

5 次の日本文に合うように，（　）内の語句を並べかえて，全文を書きなさい。

(1) 今日は何曜日ですか。　　　　　　　　　（ it, is, what, today, day ）?

(2) ボブは何時に風呂に入りますか。　　　　（ Bob, time, take, what, a bath, does ）?

(3) あなたのおじいさんはお元気ですか。　　（ your, how, grandfather, is ）?

(4点×3—12点)

| (1) |
| (2) |
| (3) |

6 次の文を下線部が答えの中心となる疑問文に書きかえなさい。

(1) It's July 10 today.

(2) Betty is 165 centimeters tall.

(3) I go to school by bus.

(4点×3—12点)

| (1) |
| (2) |
| (3) |

7 次の文を英語で書きなさい。

(1) だれがフランス語を上手に話しますか。― マリです。

(2) あなたの時計では今，何時ですか。― 10時35分です。

(6点×2—12点)

| (1) |
| (2) |

8 次のような場合，あなたは英語でどう言いますか。その文を書きなさい。

(1) 相手の誕生日を聞きたいとき。

(2) 相手の年齢を聞きたいとき。

(3) 相手にどんなスポーツが好きか聞くとき。

(6点×3—18点)

| (1) |
| (2) |
| (3) |

会話表現 (1)

解答▶別冊 31 ページ

1 次の場面にふさわしい英語を下から選び，記号で答えなさい。　　　（5点×5—25点）

(1)　友だちと，朝会ったときのあいさつ　　　　　　　　　　　　　　（　　　）

(2)　夜寝る前のあいさつ　　　　　　　　　　　　　　　　　　　　　（　　　）

(3)　友だちと，夜に会ったときのあいさつ　　　　　　　　　　　　　（　　　）

(4)　親しい人と別れるときのあいさつ　　　　　　　　　　　　　　　（　　　）

(5)　友だちに会ったときにいつでも言えるあいさつ　　　　　　　　　（　　　）

> ア　Good evening.
> イ　Good night.
> ウ　See you.
> エ　Good morning.
> オ　Good afternoon.
> カ　Hi.

2 次の対話文が完成するように，＿＿に適語を入れなさい。　　　（6点×3—18点）

(1)　A：こんにちは。お元気ですか。

　　　Hello. ＿＿＿＿＿＿ ＿＿＿＿＿＿ you ?

　　　B：私は元気です，ありがとう。あなたはどうですか。

　　　I'm fine, thank you. ＿＿＿＿＿＿ you ?

　　　A：元気です，ありがとう。

　　　Fine, thanks.

(2)　A：私の名前はケンです。

　　　My name is Ken.

　　　B：私はトムです。お会いできてうれしいです。

　　　I'm Tom. ＿＿＿＿＿＿ to ＿＿＿＿＿＿ you.

(3)　A：失礼ですが，あなたはケンのお父さんですか。

　　　＿＿＿＿＿＿ me, but are you Ken's father ?

　　　B：いいえ，ちがいます。

　　　No, I'm not.

　　　A：ああ，申し訳ありません。

　　　Oh, I'm ＿＿＿＿＿＿.

3 次の対話の（　）に入る適切なものをア〜ウから１つずつ選び，○で囲みなさい。

（6点×4─24点）

(1) *A*：Happy birthday. This is a present for you.
　　B：Oh, thank you very much.
　　A：（　　　　　　）
　　ア　You're welcome.　　イ　That's too bad.　　ウ　That's mine.

(2) *A*：What's wrong with you, Bob ?
　　B：I have a cold.
　　A：（　　　　　　）
　　ア　You're welcome.　　イ　That's too bad.　　ウ　That's OK.

(3) *A*：Do you have any plans for today ?
　　B：（　　　　　　）
　　A：Are you free today ?
　　ア　Pardon ?　　　　　　イ　I'm very busy.　　ウ　Just a minute.

(4) *A*：Pass me the salt, please.　　　　　　　　※pass me 〜「私に〜を手渡す」
　　B：Sure.（　　　　　　）
　　ア　I don't have any salt.　イ　Here you are.　　ウ　Yes, let's.

4 次はある店内での一場面です。右の英文を（　）に入れて，客と店員の対話を完成させなさい。

（6点×2─12点）

客　　：This blue shirt is a little expensive.
店員：(1)（　　　　　　）
客　　：It's very nice. (2)（　　　　　　）
店員：It's 2,000 yen.

> ア　How about this red one ?
> イ　How is the weather ?
> ウ　How much is it ?
> エ　How are you ?

5 次の文を英語で書きなさい。

（7点×3─21点）

(1) 日本へようこそ。（3語で）

_____

(2) はじめまして。（4語で）

_____

(3) いい１日をお過ごしください。（4語で）

_____

1
2
3
Step
C
4
5
6
Step
C
7
8
9
Step
C
10
11
12
Step
C
13
14
15
16
Step
C
会話表現
(1)
17
18
19
20
Step
C
21
22
23
24
25
Step
C
会話表現
(2)
実力
テスト

17 現在進行形の肯定文・否定文

Step A 〉 Step B 〉 Step C

解答▶別冊 31 ページ

1 次の動詞の ing 形を書きなさい。

(1) clean _____ (2) wash _____ (3) ski _____

(4) write _____ (5) come _____ (6) use _____

(7) swim _____ (8) sit _____ (9) cook _____

2 次の(　)内から適語を選び，○で囲みなさい。

(1) My brother (is riding, rides) a bike now.

(2) We're (play, playing) basketball now.

(3) Keiko (is practicing, practices) tennis every Saturday.

(4) Jane (isn't, doesn't) playing the piano now.

(5) They (are, do) not listening to the radio now.

(6) Ken doesn't (watch, watching) TV after dinner.

(7) Yuji (is knowing, knows) Jane very well.

(8) Ken is not busy. He (is reading, reads) a comic book in his room.

3 各組の英文のちがいがわかるように，それぞれの意味を書きなさい。

(1) ① I am studying English now. (　　　　　　　　　　　　)

② I study English every day. (　　　　　　　　　　　　)

(2) ① You are playing tennis now. (　　　　　　　　　　　　)

② You play tennis every day. (　　　　　　　　　　　　)

(3) ① Jane is practicing Japanese now. (　　　　　　　　　　　　)

② Jane practices Japanese every day. (　　　　　　　　　　　　)

4 次の絵に合う対話文が完成するように，＿＿に適語を入れなさい。

ケンは今，
ひまかな？

Ken

A: _____ _____ _____ now ?

B: No. He _____ _____ a letter _____ his friend in Canada.

5 次の日本文に合うように，＿＿に適語を入れなさい。

(1) ケイコは今，運動場で走っています。

Keiko ＿＿＿＿＿＿ ＿＿＿＿＿＿ in the playground ＿＿＿＿＿＿.

(2) 私は今，本を読んでいません。

＿＿＿＿＿＿ not ＿＿＿＿＿＿ a book ＿＿＿＿＿＿.

(3) 彼は本を読みません。

He ＿＿＿＿＿＿ not ＿＿＿＿＿＿ books.

(4) たくさんの少年が湖の上でスケートをしています。（skate）

A lot of boys ＿＿＿＿＿＿ ＿＿＿＿＿＿ on the lake.

6 次の文を（　）内の指示に従って書きかえなさい。

(1) You help your mother in the kitchen. （現在進行形の文に）

＿＿＿＿＿＿＿＿＿＿＿＿＿＿＿＿＿＿＿＿＿＿＿＿＿＿＿

(2) Jane is walking in the park now. （否定文に）

＿＿＿＿＿＿＿＿＿＿＿＿＿＿＿＿＿＿＿＿＿＿＿＿＿＿＿

(3) I practice the piano after dinner. （下線部を now にかえて現在進行形の文に）

＿＿＿＿＿＿＿＿＿＿＿＿＿＿＿＿＿＿＿＿＿＿＿＿＿＿＿

(4) Ken is playing tennis. （下線部を Ken and his friends にかえて）

＿＿＿＿＿＿＿＿＿＿＿＿＿＿＿＿＿＿＿＿＿＿＿＿＿＿＿

7 次の文を英語で書きなさい。

(1) その生徒たちは今，昼食を食べているところです。

＿＿＿＿＿＿＿＿＿＿＿＿＿＿＿＿＿＿＿＿＿＿＿＿＿＿＿

(2) 私は彼のことをとてもよく知っています。

＿＿＿＿＿＿＿＿＿＿＿＿＿＿＿＿＿＿＿＿＿＿＿＿＿＿＿

(3) マイクは今，彼の自転車を使っていません。

＿＿＿＿＿＿＿＿＿＿＿＿＿＿＿＿＿＿＿＿＿＿＿＿＿＿＿

━━━━━━━━━━ ここで差をつける！ ━━━━━━━━━━

be 動詞（am，are，is）の文の復習

・主語によって am，are，is を使い分ける。

・否定文：He is **not** a doctor. ※短縮形：are not → aren't，is not → isn't

・疑問文：Are you busy ? — Yes, I am. / No, I am **not**.

▶▶▶▶▶ **Words & Phrases** ◀◀◀◀◀

□wríte「書く」　□know「知っている」（継続的な状態を表す動詞は進行形にしない）

□búsy「忙しい」　□cómic book「まんが本」　□free「ひまな」　□létter「手紙」

□pláyground「運動場」　□a lot of「たくさんの」　□skáte「スケートをする」　□kítchen「台所」

Step A 〉 Step B 〉 Step C 〉

●時　間　30分	●得　点
●合格点　70点	点

解答▶別冊 32 ページ

1 次の（　）内から適語を選び，記号で答えなさい。　　　　　　　　（2点×7―14点）

(1) The students are （ ア have　イ having ） lunch under the tree.　　　（　　　）

(2) You （ ア have　イ are having ） a nice racket.　　　（　　　）

(3) I'm （ ア look　イ looking ） at the bird.　　　（　　　）

(4) Bill （ ア doesn't　イ isn't ） play baseball.　　　（　　　）

(5) Bob （ ア doesn't　イ isn't ） riding a bike.　　　（　　　）

(6) You're （ ア listen　イ listening ） to music.　　　（　　　）

(7) Bill （ ア washes　イ is washing ） his father's car every Sunday.　　　（　　　）

2 次の文の下線部の誤りを直しなさい。　　　　　　　　（3点×4―12点）

(1) Tomoko is <u>writes</u> a letter now.　　　_____

(2) My mother <u>doesn't</u> singing a song now.　　　_____

(3) Ken <u>is cleaning</u> his room every day.　　　_____

(4) I <u>am wanting</u> some water.　　　_____

重要 **3** 次の日本文に合うように，（　）内の語句を並べかえて，全文を書きなさい。ただし，不要な
語が1語あります。　　　　　　　　（3点×4―12点）

(1) 私は今，宿題をしています。
（ doing, my homework, I, now, do, am ）.

_____

(2) ケイトは今，地図を見ているところです。
（ looking, the map, Kate, at, now, are, is ）.

_____

(3) ボブは今，音楽を聞いていません。
（ to, now, listening, isn't, doesn't, Bob, music ）.

_____

(4) 私たちは彼女をとてもよく知っています。
（ know, well, her, knowing, we, very ）.

_____

4 次の文の意味を書きなさい。　　　　　　　　（4点×3―12点）

(1) She's cutting the birthday cake.　　（　　　　　　　　　　　　）

(2) We're not having breakfast now.　　（　　　　　　　　　　　　）

(3) Jane is helping us in the kitchen.　　（　　　　　　　　　　　　）

5 次の絵に合うように，＿＿に適語を入れなさい。 （3点×4—12点）

(1)
Ken and Takumi

(2)
Kayo

(3)
Kumi and Keiko

(4)
Jim

(1) Ken and Takumi ＿＿＿＿＿＿＿ ＿＿＿＿＿＿＿ tennis now.

(2) Kayo ＿＿＿＿＿＿＿ ＿＿＿＿＿＿＿ running now. She is ＿＿＿＿＿＿＿ now.

(3) Kumi and Keiko ＿＿＿＿＿＿＿ ＿＿＿＿＿＿＿ TV now.

(4) Jim ＿＿＿＿＿＿＿ playing video games now. He ＿＿＿＿＿＿＿ ＿＿＿＿＿＿＿ a book now.

6 次の文を（ ）内の指示に従って書きかえなさい。 （4点×5—20点）

(1) You are speaking English now. （下線部を Jane にかえて）

＿＿＿＿＿＿＿＿＿＿＿＿＿＿＿＿＿＿＿＿＿＿＿＿＿＿＿＿＿＿＿＿＿＿＿＿＿

(2) I am going to school with Ken. （否定文に）

＿＿＿＿＿＿＿＿＿＿＿＿＿＿＿＿＿＿＿＿＿＿＿＿＿＿＿＿＿＿＿＿＿＿＿＿＿

(3) My father doesn't use a computer. （現在進行形の文に）

＿＿＿＿＿＿＿＿＿＿＿＿＿＿＿＿＿＿＿＿＿＿＿＿＿＿＿＿＿＿＿＿＿＿＿＿＿

(4) Miho is practicing the piano. （文末に「毎日」という意味の語句を加えて現在形の文に）

＿＿＿＿＿＿＿＿＿＿＿＿＿＿＿＿＿＿＿＿＿＿＿＿＿＿＿＿＿＿＿＿＿＿＿＿＿

(5) Bob and Jim swim in the sea. （文末に「今」という意味の語を加えて現在進行形の文に）

＿＿＿＿＿＿＿＿＿＿＿＿＿＿＿＿＿＿＿＿＿＿＿＿＿＿＿＿＿＿＿＿＿＿＿＿＿

7 次の文を英語で書きなさい。 （6点×3—18点）

(1) 私は手にラケットを持っています。

＿＿＿＿＿＿＿＿＿＿＿＿＿＿＿＿＿＿＿＿＿＿＿＿＿＿＿＿＿＿＿＿＿＿＿＿＿

(2) 彼<ruby>彼<rt>かれ</rt></ruby>はジェーンと話をしています。（talk）

＿＿＿＿＿＿＿＿＿＿＿＿＿＿＿＿＿＿＿＿＿＿＿＿＿＿＿＿＿＿＿＿＿＿＿＿＿

(3) 私は今，夕食を作っているところではありません。

＿＿＿＿＿＿＿＿＿＿＿＿＿＿＿＿＿＿＿＿＿＿＿＿＿＿＿＿＿＿＿＿＿＿＿＿＿

>>>>>>>>>>>>>>>>>>>>>>>>>>>>>> **Words & Phrases** <<<<<<<<<<<<<<<<<<<<<<<<<<<<<<

□look at ～「～を見る」（意識的に「見ようとして見る」という意味）　□wáter「水」　□clean「そうじする」
□hómework「宿題」　□do my homework「宿題をする」　□cut「切る」
□sea「海」　□talk with ～「～と話をする」

18 現在進行形の疑問文

Step **A** 〉 Step **B** 〉 Step **C**

解答▶別冊 33 ページ

1 次の日本文に合うように，＿＿に適語を入れなさい。

(1) トムは今，公園を走っているのですか。

＿＿＿＿＿＿ Tom ＿＿＿＿＿＿ in the park now ?

(2) あなたはスキーをしているのですか，それともスケートをしているのですか。

＿＿＿＿＿＿ you ＿＿＿＿＿＿ ＿＿＿＿＿＿ skating ?

(3) サトウ先生は今，何を読んでいるのですか。

＿＿＿＿＿＿ ＿＿＿＿＿＿ Mr. Sato ＿＿＿＿＿＿ now ?

(4) だれがバイオリンをひいているのですか？

＿＿＿＿＿＿ ＿＿＿＿＿＿ ＿＿＿＿＿＿ the violin ?

2 次の文の答えとして最も適するものを下から選び，記号で答えなさい。

(1) Is Mike playing soccer now ?　　　　　　　　　　　　　　　　　　　　(　　)

(2) Are you going to the hospital ?　　　　　　　　　　　　　　　　　　　(　　)

(3) Are you studying English or reading a book ?　　　　　　　　　　　　(　　)

(4) What are the students studying now ?　　　　　　　　　　　　　　　　(　　)

(5) What is Jane doing ?　　　　　　　　　　　　　　　　　　　　　　　　(　　)

(6) Who is talking with Mike ?　　　　　　　　　　　　　　　　　　　　　(　　)

ア	Jane is.	イ	Yes, I am.
ウ	No, he isn't.	エ	They are studying English.
オ	She is watching TV.	カ	I'm studying English.

3 次の文を( )内の指示に従って書きかえなさい。

(1) Keiko is listening to music. （疑問文に書きかえて，Yes で答える）

_____

(2) Jim is swimming in the sea. （疑問文に書きかえて，No で答える）

_____

(3) The girls are making curry now. （下線部が答えの中心となる疑問文に）

_____

(4) Bob is riding a bike now. （下線部が答えの中心となる疑問文に）

_____

4 意味が通る対話文になるように，次の絵を見て，____ に適語を入れなさい。

(1)　(2)　(3)　(4)

Jane　Mary and Kate　Satoshi　Brown

(1) ＿＿＿＿＿＿ Jane making a cake ?

— ＿＿＿＿＿＿, she ＿＿＿＿＿＿.

(2) ＿＿＿＿＿＿ ＿＿＿＿＿＿ Mary and Kate doing ?

— ＿＿＿＿＿＿ are ＿＿＿＿＿＿ TV.

(3) ＿＿＿＿＿＿ is ＿＿＿＿＿＿ a book ?

— ＿＿＿＿＿＿ ＿＿＿＿＿＿.

(4) ＿＿＿＿＿＿ is Ms. Brown doing ?

— ＿＿＿＿＿＿ ＿＿＿＿＿＿ ＿＿＿＿＿＿ the room.

5 次はメアリー(Mary)とジェーン(Jane)の電話での会話です。それぞれの文の意味を書きなさい。

Mary : ① Jane, where are you ?　(　　　　　　　　　　　　　　　　　　)

Jane : ② I'm in the kitchen.　(　　　　　　　　　　　　　　　　　　)

Mary : ③ What are you doing ?　(　　　　　　　　　　　　　　　　　　)

Jane : ④ I'm helping my mother.　(　　　　　　　　　　　　　　　　　　)

　　　　 ⑤ We are making a big cake.　(　　　　　　　　　　　　　　　　　　)

6 次の文を英語で書きなさい。

(1) あなたは今，何をしていますか。— 私は今，宿題をしています。

＿＿＿＿＿＿＿＿＿＿＿＿＿＿＿＿＿＿＿＿＿＿＿＿＿＿＿＿

(2) ケンは彼^{かれ}のコンピュータを使っていますか。— いいえ，使っていません。

＿＿＿＿＿＿＿＿＿＿＿＿＿＿＿＿＿＿＿＿＿＿＿＿＿＿＿＿

＿＿＿＿＿＿＿＿＿＿＿＿＿＿＿＿＿＿＿＿＿＿＿＿＿＿＿＿

1
2
3
Step C
4
5
6
Step C
7
8
9
Step C
10
11
12
Step C
13
14
15
16
Step C
会話表現(1)
17
18
19
20
Step C
21
22
23
24
25
Step C
会話表現(2)
実力テスト

━━━━ ここで差をつける！ ━━━━

現在進行形の文は be 動詞の文と考えよう

・否定文：He is **not** running. ← be 動詞の後ろに **not** を置く

・疑問文：Are you cooking ? — Yes, I am. / No, I'm **not**.

　　　　↑〈be 動詞＋主語〉の語順　　↑ be 動詞の文と同じ答え方

▶▶▶▶▶▶▶▶▶▶▶▶▶▶▶▶ **Words & Phrases** ◀◀◀◀◀◀◀◀◀◀◀◀◀◀◀◀

□hóspital「病院」　□do「する」の意味の動詞　□ride「乗る」

□in the kítchen「台所に」

Step A ＞ Step B ＞ Step C

●時 間 30分 ●得 点
●合格点 70点 　　　点

解答▶別冊 34 ページ

1 次の文の（　）内の語を適する形に直しなさい。ただし，直す必要がない場合はそのまま書くこと。　　　　　　　　　　　　　　　　　　　　　　　　　　　　　　（2点×5—10点）

(1) Does your father（ take ）a walk before breakfast ?　　　＿＿＿＿＿＿

(2) What subject is he（ study ）in the room now ?　　　＿＿＿＿＿＿

(3) Is Emi（ look ）at that famous picture now ?　　　＿＿＿＿＿＿

(4) Where do they usually（ play ）baseball ?　　　＿＿＿＿＿＿

(5) Who is（ swim ）in the sea now ?　　　＿＿＿＿＿＿

2 次の対話文が完成するように，＿＿に適語を入れなさい。　　　（4点×3—12点）

(1) A : ボブは部屋で勉強をしていますか。
　　　＿＿＿＿＿＿ Bob ＿＿＿＿＿＿ ＿＿＿＿＿＿ his room ?
　　B : いいえ，していません。彼は部屋をそうじしています。
　　　No, he ＿＿＿＿＿＿. He ＿＿＿＿＿＿ ＿＿＿＿＿＿ his room.

(2) A : ケンは今，何をしていますか。
　　　＿＿＿＿＿＿ ＿＿＿＿＿＿ Ken ＿＿＿＿＿＿ now ?
　　B : 彼は手紙を書いているところです。
　　　He ＿＿＿＿＿＿ ＿＿＿＿＿＿ a ＿＿＿＿＿＿.

(3) A : だれが木のそばのベンチに座っていますか。
　　　＿＿＿＿＿＿ ＿＿＿＿＿＿ ＿＿＿＿＿＿ on the bench by the tree ?
　　B : 2人のお年寄りです。
　　　Two old men ＿＿＿＿＿＿.

重要 **3** 次の絵を見て，質問に答えなさい。　　　（4点×4—16点）

(1) Ken　　　(2) Jane　　　(3) Bob　　　(4) Keiko

Kyoto

(1) Where is Ken staying ?　（3語以上）

_____

(2) What is Jane doing now ?

_____

(3) Who is running in the park ?

_____

(4) Is Keiko cleaning her room ?　（3語以上）

_____

4 次の文を（ ）内の指示に従って書きかえなさい。 （5点×6—30点）

重要 (1) Susie is making a doll. （下線部が答えの中心となる疑問文に）

_____

重要 (2) They're running in the park. （下線部が答えの中心となる疑問文に）

_____

重要 (3) Mika is cooking in the kitchen now. （下線部が答えの中心となる疑問文に）

_____

(4) Tom's mother doesn't drive a car. （現在進行形の文に）

_____

(5) Does Miki talk with her friends in English？ （現在進行形の文に）

_____

(6) What do they have for lunch？ （現在進行形の文に）

_____

5 次の日本文に合うように，（ ）内の語句を並べかえて，全文を書きなさい。 （5点×2—10点）

(1) あなたはそこで何をしていますか。

(you，are，what，there，doing)？

_____

(2) あなたのお姉さんはどこでピアノをひいていますか。

(playing，sister，is，where，your，the piano)？

_____

6 次の文の意味を書きなさい。 （5点×2—10点）

(1) Is Tom reading a book or writing a letter？

(_____)

(2) Whose camera are you using？ — I'm using my uncle's.

(_____)

7 次の文を英語で書きなさい。 （6点×2—12点）

(1) あの美しい絵を見ているのはだれですか。（look at）

_____

(2) ケイコはどこで宿題をしていますか。

_____

======= **Words & Phrases** =======

□look at ～「～を見る」　□fámous「有名な」　□bench「ベンチ」　□by the tree「木のそばの」
□doll「人形」　□drive「運転する」　□in English「英語で」

19 助動詞 can の肯定文・否定文

Step A 〉 **Step B** 〉 **Step C**

解答▶別冊 35 ページ

1 次の日本文に合うように，＿＿に適語を入れなさい。

(1) 私の母は上手にケーキを作ることができます。

My mother ＿＿＿＿＿＿ ＿＿＿＿＿＿ a cake ＿＿＿＿＿＿.

(2) その男の子は自転車に乗ることができません。

The boy ＿＿＿＿＿＿ ＿＿＿＿＿＿ a bike.

(3) 高橋先生はフランス語も話せます。

Ms. Takahashi ＿＿＿＿＿＿ ＿＿＿＿＿＿ French, ＿＿＿＿＿＿.

(4) エミは少しギターをひくことができます。

Emi ＿＿＿＿＿＿ ＿＿＿＿＿＿ the guitar a ＿＿＿＿＿＿.

2 次の文の意味を書きなさい。

(1) I can speak Chinese a little.

（　　　　　　　　　　　　　　　　　　　　　　　　　　　　　　）

(2) Your sister Jane can play the piano.

（　　　　　　　　　　　　　　　　　　　　　　　　　　　　　　）

(3) You can play soccer well, but I can't.

（　　　　　　　　　　　　　　　　　　　　　　　　　　　　　　）

3 次の（ ）内から適語を選び，○で囲みなさい。

(1) I have a lot of homework. I (can, can't) play video games today.

(2) We don't have much money. We (can, can't) buy the big house.

(3) I'm free. I (can, can't) help you.

(4) Susie can cook well. Her sister (can, can't) cook well, too.

(5) I practice basketball every day. But I (can, can't) play it well.

4 次の各組の英文がほぼ同じ意味を表すように，＿＿に適語を入れなさい。

(1) {
Kumi can play tennis well.
Kumi ＿＿＿＿＿＿ a good tennis ＿＿＿＿＿＿.
}

(2) {
John is a fast runner.
John ＿＿＿＿＿＿ ＿＿＿＿＿＿ fast.
}

5 次の文を（　）内の指示に従って書きかえなさい。

(1) My mother drives a car. （can を使った文に）

_____

(2) My little brother reads a book. （「〜することができる」という意味の文に）

_____

(3) I can swim fast. （否定文に）

_____

(4) Ted doesn't use a computer. （「〜することができない」という意味の文に）

_____

6 次の日本文に合うように，（　）内の語句を並べかえて，全文を書きなさい。

(1) ブラウンさんは少し日本語が読めます。

　　(a, read, Mr. Brown, Japanese, little, can).

_____

(2) 私はスキーがあまり上手にできません。

　　(ski, I, well, can't, very).

_____

(3) 私たちは図書館へバスで行くことができます。

　　(library, we, to, bus, the, can, by, go).

_____

7 次の文を英語で書きなさい。

(1) あなたはその部屋を使うことができます。

_____

(2) 私たちはここで野球をすることはできません。

_____

=================== ここで差をつける！ ===================

can の意味のちがい

・**You can play tennis well.** 「あなたは上手にテニスができる」
　　↑身体などの能力を示す

・**You can play tennis here.** 「あなたはここでテニスができる（＝テニスをしてよい）」
　　↑規則などにより行動が可能であることを示す（許可）

-------------------- ▶ **Words & Phrases** ◀ --------------------

□máke「〜を作る」　　□cáke「ケーキ」　　□ride「（馬や自転車に）乗る」　　□French「フランス語」
□too「〜も」　　□a little「少し」　　□a lot of 〜「たくさんの〜」　　□pláyer「選手」
□rúnner「走者，ランナー」　　□drive「運転する」
□fast「（動作の速度が）速い，速く」（時間や時期が「早く」のときはearlyを使う）　　□clean「そうじする」
□little brother「弟」

Step **A** 〉 Step **B** 〉 Step **C** 〉

●時　間　30分	●得　点
●合格点　70点	点

解答▶別冊 36 ページ

1 次の各組の下線部の発音が同じなら○を，ちがっていれば×を書きなさい。　　（2点×5―10点）

(1) { ride / eye 　　（　　　） (2) { busy / bus 　　（　　　） (3) { French / Chinese 　（　　　）

(4) { clean / free 　　（　　　） (5) { homework / hospital 　　（　　　）

2 次の(1)～(5)の文に続けるときいちばん意味の合う文を下から選び，（　）内にその記号を書きなさい。　　（3点×5―15点）

(1) Mother is very busy now. 　　　　　　　　　　　　　　　　（　　　）

(2) Jane isn't busy today. 　　　　　　　　　　　　　　　　　（　　　）

(3) Kate practices the piano every day. 　　　　　　　　　　（　　　）

(4) Miho practices English every morning. 　　　　　　　　（　　　）

(5) Mary has a lot of money. 　　　　　　　　　　　　　　　（　　　）

ア　She can't open the door.	イ　She can't talk with me.
ウ　She can speak it well.	エ　But she can't play it well.
オ　We can play tennis with her.	カ　She can buy the bag.

3 次の日本文に合うように，（　）内の語句を並べかえて，全文を書きなさい。ただし，不要な語が1語あります。　　（5点×4―20点）

(1) ボブのお兄さんはとても速く走ることができます。
（ can, brother, fast, run, Bob's, runs, very ）.

_____

(2) 私たちはその川で泳ぐことはできません。
（ in, river, we, the, doesn't, swim, can't ）.

_____

(3) あなたと私は少しスキーをすることができます。
（ and, you, ski, little, can, a, I, well ）.

_____

(4) 夜にはたくさんの星を見ることができます。
（ at, many, we, night, can, look, see, stars ）.

_____

4 次の文の意味を書きなさい。 （5点×4—20点）

(1) He can't get up early in the morning.
（ 　　　　　　　　　　　　　　　　　　　　　　　　 ）

(2) I'm sorry, but I can't help you.
（ 　　　　　　　　　　　　　　　　　　　　　　　　 ）

(3) Mike is very hungry. He can eat three hamburgers.
（ 　　　　　　　　　　　　　　　　　　　　　　　　 ）

(4) I'm using the computer now. You can't use it.
（ 　　　　　　　　　　　　　　　　　　　　　　　　 ）

5 次の文を（ ）内の指示に従って書きかえなさい。 （3点×5—15点）

(1) Your sister sings the song. （「～することができる」という文に）
_____

(2) Ken studies in the room. （「～することができない」という文に）
_____

重要 (3) The girl is a good baketball player. （can を使ってほぼ同じ内容の文に）
_____

(4) John isn't a fast swimmer. （can't を使ってほぼ同じ内容の文に）
_____

(5) I can see that tall building. （I を Jane にして）
_____

6 次の文を英語で書きなさい。 （5点×4—20点）

(1) 私はこの本を読むことができません。
_____

(2) あなたたちは自転車で学校へ行くことができません。
_____

(3) 彼女（かのじょ）は英語で手紙を書くことができます。
_____

(4) 私は上手にスケートができますが，妹はできません。
_____

- - - - - - - - - - - - - - - - - - ▶ **Words & Phrases** ◀ - - - - - - - - - - - - - - - - - -
□éye「目」　□mány「たくさんの」　□star「星」　□at night「夜には」
□éarly「早く」　□húngry「空腹の」　□swímmer「水泳選手」　□búilding「建物，ビル」
□by bike「自転車で」（by bus「バスで」，by train「電車で」などのように用いる）

20 助動詞 can の疑問文

Step A 〉 Step B 〉 Step C 〉

解答▶別冊 36 ページ

1 次の答えとして最も適するものを下から選び，記号で答えなさい。

(1) Can Mr. Brown eat *natto* ? 　　　　　　　　　　　　　（　　　）

(2) Can Mariko cook well ? 　　　　　　　　　　　　　　　（　　　）

(3) What can your father make ? 　　　　　　　　　　　　（　　　）

(4) Which sandwich can I eat ? 　　　　　　　　　　　　　（　　　）

(5) Who can make good hamburgers ? 　　　　　　　　　　（　　　）

ア	He likes Japanese food.	イ	Mr. Brown can.
ウ	Yes, she can.	エ	He can make curry.
オ	No, he can't.	カ	You can eat this one.

2 意味が通る対話文になるように，次の絵を見て，＿＿に適語を入れなさい。

(1) How are you ?　Yumi　　(2) Jim　　(3) your brother

(1) Can Yumi speak English ? — Yes, ＿＿＿＿＿＿ ＿＿＿＿＿.

(2) Can Jim play tennis well ?
　— No, ＿＿＿＿＿ ＿＿＿＿＿. He ＿＿＿＿＿ ＿＿＿＿＿ tennis well.

(3) ＿＿＿＿＿ your brother swim fast ?
　— Yes, ＿＿＿＿＿ can. He ＿＿＿＿＿ ＿＿＿＿＿ very fast.

3 次の文の意味を書きなさい。

(1) Can Bob play the flute ? — Yes, he can.
　（　　　　　　　　　　　　　　　　　　　　　　　　　　　　）

(2) Can you help us ? — Sorry, I can't.
　（　　　　　　　　　　　　　　　　　　　　　　　　　　　　）

(3) Can I use your ruler ? — Sure.
　（　　　　　　　　　　　　　　　　　　　　　　　　　　　　）

4 次の文に（ ）内の語句を使って答えなさい。ただし，(1)と(2)は4語以上の英語で答えること。

(1) What can Jane speak ? （ Spanish ）

_____

(2) Where can the boys swim ? （ the lake ）

_____

(3) Who can play the violin ? （ Sayuri ）

_____

5 次の文を（ ）内の指示に従って書きかえなさい。

(1) Tom and Ted can play golf. （疑問文に書きかえて，Yes で答える）

_____

(2) The girl can ride a horse. （疑問文に書きかえて，No で答える）

_____

(3) <u>Ann</u> can speak Chinese. （下線部が答えの中心となる疑問文に）

_____

(4) Mike can come here <u>after school</u>. （下線部が答えの中心となる疑問文に）

_____

6 次のような場合，あなたは英語でどのように言いますか。その文を書きなさい。

(1) 遠くの建物を指して，相手に見えるかたずねるとき。

_____

(2) 相手のペンを使っていいか許可を求めるとき。

_____

1 2 3 Step C 4 5 6 Step C 7 8 9 Step C 10 11 12 Step C 13 14 15 16 Step C 会話表現(1) 17 18 19 **20** Step C 21 22 23 24 25 Step C 会話表現(2) 実力テスト

▬▬ ここで差をつける！ ▬▬

can を使った依頼と許可の文

・Can you help me ? 「私を手伝ってくれますか」
　↑能力ではなく時間的に相手が行動可能かどうかたずねている（依頼）
・Can I use your racket ? 「あなたのラケットを使ってもいいですか」
　↑能力ではなく一時的に自分が使用可能かどうかたずねている（許可）

▶ **Words & Phrases** ◀

□sándwich「サンドイッチ」 □flúte「フルート」 □rúler「定規」 □Spánish「スペイン語」
□láke「湖」 □golf「ゴルフ」 □hórse「馬」

Step A 〉 Step B 〉 Step C

●時　間　30分	●得　点
●合格点　70点	点

解答▶別冊 37 ページ

1 次の語を読むとき，いちばん強く発音する部分の記号を○で囲みなさい。　　　（2点×5—10点）

(1) Spa-nish （ Spanish ）
　　 ア　イ

(2) Chi-nese （ Chinese ）
　　 ア　イ

(3) sand-wich （ sandwich ）
　　 ア　　イ

(4) home-work （ homework ）
　　 ア　　イ

(5) to-ge-ther （ together ）
　　 ア　イ　ウ

2 次の文の答えとして最も適するものを下から選び，記号で答えなさい。　　　（4点×5—20点）

(1) Can Emi play the violin ?　　　　　　　　　　（　　　）

　　 ア　Yes, she can.　　　　 イ　No, she doesn't.　　　　 ウ　Emi cannot play it.

(2) Who can cook well ?　　　　　　　　　　　　（　　　）

　　 ア　Mari can't cook well.　　 イ　Megumi can.　　　　 ウ　No, she can't.

(3) What time can Mr. Sato come to the party ?　　（　　　）

　　 ア　It's five now.　　　　 イ　Yes, he can.　　　　 ウ　At six o'clock.

(4) Can you help us, Tom ?　　　　　　　　　　　（　　　）

　　 ア　All right.　　　　　 イ　Thank you.

　　 ウ　No, you can't. You're very busy.

(5) Can I use this eraser ?　　　　　　　　　　　（　　　）

　　 ア　Yes, we can.　　　　 イ　It's mine.

　　 ウ　Sorry, you can't. I'm using it.

3 次の文を（　）内の指示に従って書きかえなさい。　　　（5点×4—20点）

(1) The little boy rides a bike. 　（ can を使った疑問文に書きかえて，No で答える）

_____

(2) Jane makes good soup. 　（ can を使った疑問文に書きかえて，Yes で答える）

_____

(3) Tom can speak Spanish. 　（下線部が答えの中心となる疑問文に）

_____

(4) Ken and Rika can help Ms. White. 　（下線部が答えの中心となる疑問文に）

_____

4 意味が通る対話文になるように，次の絵を見て，＿＿に適語を入れなさい。 （4点×2―8点）

日本語を読むか，書ける？
どちらもよ。

A: ＿＿＿＿＿＿ you ＿＿＿＿＿＿ Japanese ＿＿＿＿＿＿ ＿＿＿＿＿＿ it ?

B: I ＿＿＿＿＿＿ ＿＿＿＿＿＿ and ＿＿＿＿＿＿ it.

5 次の対話文が完成するように，＿＿に適語を入れなさい。 （5点×2―10点）

(1) A: ボブはスケートができますか。

＿＿＿＿＿＿ Bob ＿＿＿＿＿＿ ?

B: はい，できます。彼はスキーも上手ですよ。

Yes, ＿＿＿＿＿＿ ＿＿＿＿＿＿ . He can ＿＿＿＿＿＿ well, ＿＿＿＿＿＿ .

(2) A: あなたはギターがひけますか。

＿＿＿＿＿＿ ＿＿＿＿＿＿ ＿＿＿＿＿＿ the guitar ?

B: いいえ，ひけません。でもピアノは少しひけます。

No, I ＿＿＿＿＿＿ . But I can play the piano ＿＿＿＿＿＿ ＿＿＿＿＿＿ .

6 次の日本文に合うように，（　）内の語句を並べかえて，全文を書きなさい。 （6点×3―18点）

(1) いっしょに博物館に行ってくれませんか。

(the, me, can, museum, you, to, go, with)?

＿＿＿＿＿＿＿＿＿＿＿＿＿＿＿＿＿＿＿＿＿＿＿＿

(2) 私たちは夜にどこでたくさんの星を見ることができますか。

(we, can, night, where, stars, see, at, many)?

＿＿＿＿＿＿＿＿＿＿＿＿＿＿＿＿＿＿＿＿＿＿＿＿

(3) 山田先生は何か国語話すことができますか。

(can, languages, how, speak, Mr. Yamada, many)?

＿＿＿＿＿＿＿＿＿＿＿＿＿＿＿＿＿＿＿＿＿＿＿＿

7 次の文を英語で書きなさい。 （7点×2―14点）

(1) この部屋を使ってもいいですか。

＿＿＿＿＿＿＿＿＿＿＿＿＿＿＿＿＿＿＿＿＿＿＿＿

(2) マリは何時にここに来ることができますか。

＿＿＿＿＿＿＿＿＿＿＿＿＿＿＿＿＿＿＿＿＿＿＿＿

1 2 3 Step C 4 5 6 Step C 7 8 9 Step C 10 11 12 Step C 13 14 15 16 Step C 会話表現(1) 17 18 19 20 Step C 21 22 23 24 25 Step C 会話表現(2) 実力テスト

▶ **Words & Phrases** ◀

□párty「パーティー」　　□eráser「消しゴム」　　□soup「スープ」　　□muséum「博物館」

Step A 〉 Step B 〉 Step C

●時 間 40分　●得 点
●合格点 70点　　　　　点

解答▶別冊 38 ページ

1 次の文を途中で 1 回区切って読むとすれば，どこで区切りますか。
例にならって区切る所の次の語を書きなさい。

（2 点×5―10 点）

例　I know that boy / very well.　　　（答え）very

(1)　Keiko is playing tennis with her friend.

(2)　He is watching birds in the park.

(3)　The girl with long hair can speak French.

(4)　We have four classes in the morning and two in the afternoon.

(5)　On Sunday Tom takes his dog to the park.

(1)	
(2)	
(3)	
(4)	
(5)	

2 次の（　）内から適する語句を選び，記号で答えなさい。

（3 点×4―12 点）

(1)　Yumi can（ア make　イ makes　ウ making）a good cake.

(2)　Tom（ア can't　イ don't　ウ isn't）run fast.

(3)　He's（ア listen　イ listens　ウ listening）to music.

(4)　My sister（ア have　イ has　ウ is having）a nice camera.

(1)	
(2)	
(3)	
(4)	

重要 3 次の文の答えとして最も適するものを下から選び，記号で答えなさい。

（4 点×5―20 点）

(1)　Can I use your bike ?

(2)　Is Jane helping her mother now ?

(3)　Who can sing songs well ?

(4)　Are the boys playing baseball in the park ?

(5)　What are your sisters doing ?

ア	Yes, she is.	イ	Jane can.
ウ	They are making a cake.	エ	No, they aren't.
オ	No, she can't.	カ	Sure.

(1)	
(2)	
(3)	
(4)	
(5)	

Step C

4 次の文を（　）内の指示に従って書きかえなさい。
(1) Emi can swim fast. （疑問文に書きかえて，Yes で答える）
(2) Mr. Brown doesn't come to the party. （「～できない」という文に）
(3) Jack is playing video games in his room. （下線部が答えの中心となる疑問文に）
(4) The students are singing songs. （疑問文に書きかえて，No で答える）
(5) He practices Japanese every day. （下線部を now にかえて現在進行形の文に）
（5点×5—25点）

5 次の文の意味を書きなさい。
(1) How many birds can you see ? — I can see twelve birds.
(2) She isn't swimming in the sea now.
(3) Who is having lunch in the classroom ?
（5点×3—15点）

6 次の文を英語で書きなさい。
(1) ケンは英語を少し話すことができます。
(2) あなたのおじさんはどこに住んでいますか。— 彼は北海道に住んでいます。
(3) 私たちは今，テレビでサッカーの試合を見ています。（a soccer game）
（6点×3—18点）

93

21 過去形の肯定文・否定文

Step A 〉 Step B 〉 Step C

解答▶別冊 39 ページ

1 次の動詞の過去形を書きなさい。

(1) like _____ (2) look _____ (3) cook _____

(4) wash _____ (5) stop _____ (6) study _____

(7) go _____ (8) come _____ (9) play _____

(10) see _____ (11) write _____ (12) live _____

2 次の（　）内から適語を選び，○で囲みなさい。

(1) I (play, played, playing) baseball yesterday.

(2) Maki (talk, talked, talks) with him last Sunday.

(3) My mother (made, makes, making) a cake last week.

(4) Ken didn't (visit, visits, visited) Canada three years ago.

(5) Emi (doesn't, didn't, don't) study English last night.

3 次の日本文に合うように，___に適語を入れなさい。

(1) ケイコは昨日，テニスをしました。

Keiko _____ tennis _____.

(2) 私は昨夜，数学の勉強をしました。

I _____ math _____ night.

(3) 私たちは 2 年前，中国に行きました。

We _____ to China two years _____.

(4) 私は昨日，自分の部屋のそうじをしませんでした。

I _____ not _____ my room yesterday.

(5) 私の兄は昨日夕食の後，音楽を聞きませんでした。

My brother _____ _____ to music after dinner yesterday.

4 次の文の___に was，were のいずれかを書きなさい。

(1) My father _____ very tired yesterday.

(2) You _____ in London last month.

(3) I _____ busy last week.

(4) Bob and John _____ not high school students last year.

5 次の文を（　）内の指示に従って書きかえなさい。

(1) We play baseball <u>every day</u>. （下線部を yesterday にかえて）

_____

(2) Kumi lives in Hokkaido. （文末に last year を加えて）

_____

(3) He enjoyed the concert. （否定文に）

_____

(4) Ken came to school at eight this morning. （否定文に）

_____

(5) Jim was in the library yesterday afternoon. （否定文に）

_____

(6) Bill is tired <u>now</u>. （下線部を last Sunday にかえて）

_____

(7) <u>Yui</u> was in Kyoto. （下線部を Yui and Mai にかえて）

_____

6 次の日本文を英語で書きなさい。

(1) 私はこの前の土曜日，サッカーをしませんでした。

_____

(2) ジェーンは昨日，ひまでした。

_____

(3) ジムは昨夜，日本語を勉強しました。

_____

1
2
3
Step
C
4
5
6
Step
C
7
8
9
Step
C
10
11
12
Step
C
13
14
15
16
Step
C
会話表現
(1)
17
18
19
20
Step
C
21
22
23
24
25
Step
C
会話表現
(2)
実力
テスト

ここで差をつける！

過去形の否定文も現在形の否定文と原則は同じ

・一般動詞：動詞の原形を使う

　（過去）He **did** not play tennis.　　（現在）He **does** not play tennis.

・be 動詞：後ろに not を置く

　（過去）I **was** not busy.　　（現在）I **am** not busy.

Words & Phrases

□went　go の過去形　　□came　come の過去形　　□saw　seeの過去形　　□wrote　write の過去形
□yésterday「昨日」　　□last「この前の〜」　　□made　make の過去形　　□agó「（今から）〜前に」
□tired「疲れている」　　□hígh school「高校」　　□enjóy「楽しむ」　　□afternóon「午後」

Step A 〉 Step B 〉 Step C 〉

●時　間　30分	●得　点
●合格点　70点	点

解答▶別冊 40 ページ

1 規則動詞の過去形の語尾の発音は，ア [d ド]，イ [t ト]，ウ [id イド] の 3 通りあります。次の動詞の語尾は，ア～ウのうち，どの発音をしますか。（　）内に記号を書きなさい。

(2 点×9—18 点)

(1) cook<u>ed</u>　　（　　） 　　(2) stopp<u>ed</u>　（　　）　　(3) liv<u>ed</u>　　（　　）

(4) listen<u>ed</u>　（　　）　　(5) help<u>ed</u>　（　　）　　(6) clos<u>ed</u>　（　　）

(7) visit<u>ed</u>　（　　）　　(8) play<u>ed</u>　（　　）　　(9) want<u>ed</u>　（　　）

2 次の（　）内から適語を選び，記号を○で囲みなさい。 (2 点×5—10 点)

(1) Jim（ ア live　イ lives　ウ lived ）in Nagoya now.

(2) Bob（ ア don't　イ doesn't　ウ didn't ）study Japanese yesterday.

(3) Ken（ ア run　イ runs　ウ ran ）in the park last Sunday.

(4) They（ ア are　イ was　ウ were ）in Nara two days ago.

(5) Miku（ ア isn't　イ wasn't　ウ weren't ）tired last week.

3 次の文の＿＿に（　）内の語を適切な形に直して書きなさい。 (2 点×7—14 点)

(1) Bill ＿＿＿＿＿＿＿ baseball yesterday. （ play ）

(2) We ＿＿＿＿＿＿＿ TV last night. （ watch ）

(3) My father ＿＿＿＿＿＿＿ this computer yesterday afternoon. （ use ）

(4) Sayuri ＿＿＿＿＿＿＿ English this morning. （ study ）

(5) Tom ＿＿＿＿＿＿＿ to Japan two years ago. （ come ）

(6) My mother ＿＿＿＿＿＿＿ curry last Saturday. （ make ）

(7) Jack ＿＿＿＿＿＿＿ there and talked with Jane. （ stop ）

4 次の文の意味を書きなさい。 (3 点×3—9 点)

(1) She went to bed at eleven yesterday.

（　　　　　　　　　　　　　　　　　　　　　　　　　　　　　　　）

(2) We stayed in Italy for three weeks.

（　　　　　　　　　　　　　　　　　　　　　　　　　　　　　　　）

(3) I was sick in bed last Saturday.

（　　　　　　　　　　　　　　　　　　　　　　　　　　　　　　　）

5 次の文を（ ）内の指示に従って書きかえなさい。 （3点×5—15点）

(1) The student lives in Paris <u>now</u>. （下線部を「昨年」という意味の語句にかえて）

(2) I study history <u>every day</u>. （下線部を「昨夜」という意味の語句にかえて）

(3) He wrote a letter yesterday. （否定文に）

重要 (4) He's in Canada. （文末に「この前の夏に」という語句を加えて）

(5) Ken and Mike were hungry. （否定文に）

6 次の日本文に合うように，（ ）内の語句を並べかえて，全文を書きなさい。ただし，不要な語が1語あります。 （3点×3—9点）

(1) 私は2年前，大阪に住んでいました。
(lived, years, Osaka, live, I, two, ago, in).

重要 (2) ジョンは昨日，博物館にいました。
(yesterday, John, in, was, the museum, is).

(3) 私は先週，彼とは会っていません。
(saw, did, I, him, week, not, last, see).

7 次の文を英語で書きなさい。 （5点×5—25点）

(1) ジェーンは昨日の朝公園へ行きました。

(2) トムは今朝，6時30分に起きました。

(3) 私は昨日，英語を練習しませんでした。

(4) 私はこの前の日曜日，ひまではありませんでした。

(5) 彼らは3日前，京都にいました。

> **Words & Phrases**

□stop「立ち止まる」 □ran run の過去形 □stay「滞在する」 □Ítaly「イタリア」
□sick「病気である」 □hungry「空腹である」 □muséum「博物館」

22 過去形の疑問文

Step A 〉 Step B 〉 Step C

解答▶別冊 40 ページ

1 次の日本文に合うように，＿＿に適語を入れなさい。

(1) ケイコは昨日，ピアノをひきましたか。

＿＿＿＿＿＿ Keiko ＿＿＿＿＿＿ the piano yesterday ?

(2) はい，ひきました。((1)の答え)

Yes, ＿＿＿＿＿＿ ＿＿＿＿＿＿.

(3) あなたは昨夜，テレビを見ましたか。

＿＿＿＿＿＿ ＿＿＿＿＿＿ ＿＿＿＿＿＿ TV last night ?

(4) いいえ，見ませんでした。((3)の答え)

No, ＿＿＿＿＿＿ ＿＿＿＿＿＿.

(5) マリは昨日の午後，何をしましたか。

＿＿＿＿＿＿ ＿＿＿＿＿＿ Mari do yesterday afternoon ?

(6) あなたは今朝，何時に起きましたか。

What ＿＿＿＿＿＿ ＿＿＿＿＿＿ you ＿＿＿＿＿＿ up this morning ?

2 次の答えとして最も適するものを下から選び，記号で答えなさい。

(1) Did your aunt work at the store ?　　　　　　　　　　　　　　(　　)

(2) Does your brother like animals ?　　　　　　　　　　　　　　(　　)

(3) Where did Tom go last Sunday ?　　　　　　　　　　　　　　(　　)

(4) When did Jane buy the nice sweater ?　　　　　　　　　　　　(　　)

(5) Who made this doll ?　　　　　　　　　　　　　　　　　　　(　　)

ア He went to the zoo.		イ I visited my uncle.	
ウ My sister did.		エ No, he doesn't.	
オ She bought it yesterday.		カ Yes, she did.	

3 次の＿＿に was, were, wasn't, weren't のいずれかを書きなさい。

(1) Were you busy yesterday ? — Yes, I ＿＿＿＿＿＿.

(2) ＿＿＿＿＿＿ your father in Kobe last week ? — No, he ＿＿＿＿＿＿.

(3) ＿＿＿＿＿＿ Jane and Judy in the museum yesterday afternoon ?

— No, they ＿＿＿＿＿＿.

(4) Where ＿＿＿＿＿＿ you last Sunday ? — I ＿＿＿＿＿＿ in Tokyo.

4 意味が通る対話文になるように，次の絵を見て，____に適語を入れなさい。

(1)
Emi

(2) Ken

(3)
your sister

(1) Did Emi cook yesterday ? — Yes, _____ _____.

(2) _____ Ken study yesterday ?
— _____, he _____. He _____ math.

(3) What _____ your sister do last night ?
— She _____ TV.

5 次の文に（ ）内の語句を使って，3語以上の英語で答えなさい。

(1) When did Mr. and Ms. Yamada go to Nara ? （ last Sunday ）
_____

(2) What did Jane make in the kitchen ? （ a cake ）
_____

(3) Where were you yesterday, Ben ? （ Yokohama ）
_____

6 次の文を英語で書きなさい。

(1) ジムは昨夜，日本語を勉強しましたか。
_____

(2) あなたは昨日，ひまでしたか。
_____

1
2
3
Step C
4
5
6
Step C
7
8
9
Step C
10
11
12
Step C
13
14
15
16
Step C
会話表現 (1)
17
18
19
20
Step C
21
22
23
24
25
Step C
会話表現 (2)
実力テスト

┏━━━━━━━━━━━ ここで差をつける！ ━━━━━━━━━━━┓

Who が主語の疑問文のまとめ

・**Who** dances well ? — Mike does. / Mike and Ken do.
└─3人称単数扱い　　　↑ does と do を使い分ける

・**Who** danced there ? — Mike did. / Mike and Ken did.
　　過去形は ed, d をつけるだけ　　　↑過去形は did を使う

┗━━━━━━━━━━━━━━━━━━━━━━━━━━━━━━━┛

▶▶▶▶▶▶ **Words & Phrases** ◀◀◀◀◀◀
□swéater「セーター」　□doll「人形」　□zoo「動物園」　□bought　buy の過去形
□Mr. and Ms. Yamada「山田夫妻」

Step A 〉 Step B 〉 Step C

●時 間 30分　●得 点
●合格点 70点　　　　点
解答▶別冊 41 ページ

1 クミ (Kumi) の昨日の行動を表す次の絵を見て，＿＿に適語を入れなさい。　（4点×4—16点）

(1) 7：00　　　(2) 7：20　　　(3) 8：00　　　(4) 9：00

(1) Kumi ＿＿＿＿＿＿ ＿＿＿＿＿＿ at seven yesterday.

(2) Did Kumi have breakfast at seven twenty ?
＿＿＿＿＿＿, she ＿＿＿＿＿＿.

(3) What time ＿＿＿＿＿ Kumi come to school yesterday ?
— She ＿＿＿＿＿ ＿＿＿＿＿ school at about eight.

(4) What did Kumi do at nine yesterday ? — She ＿＿＿＿＿ ＿＿＿＿＿.

2 次の対話文が完成するように，＿＿に適語を入れなさい。　（5点×2—10点）

(1) A：あなたはこの前の夏どこへ行きましたか。
＿＿＿＿＿ ＿＿＿＿＿ you ＿＿＿＿＿ last summer ?

B：カナダへ行きました。
I ＿＿＿＿＿ ＿＿＿＿＿ Canada.

(2) A：そこでどのくらいの間滞在しましたか。
＿＿＿＿＿ ＿＿＿＿＿ ＿＿＿＿＿ you stay there ?

B：1週間滞在しました。
I ＿＿＿＿＿ there ＿＿＿＿＿ a week.

3 次の文の答えとして最も適するものを下から選び，記号で答えなさい。　（4点×5—20点）

(1) Did Emi play the violin yesterday ?　（　　　）
ア　Yes, she does.　　　イ　No, she didn't.　　　ウ　She played it well.

(2) Who answered the question ?　（　　　）
ア　Yes, he did.　　　イ　Mike did.　　　ウ　He didn't answer it.

(3) When did you go to the zoo ?　（　　　）
ア　I went to the park.　　　イ　I liked animals.　　　ウ　I went there yesterday.

(4) Were you busy last week ?　（　　　）
ア　Yes, I was.　　　イ　No, you weren't.　　　ウ　I'm free now.

(5) Where was Jack yesterday afternoon ?　（　　　）
ア　He is in his room.　　　イ　He stayed there.　　　ウ　He was in the library.

4 次の文を（　）内の指示に従って書きかえなさい。　　　　　　　　（5点×4—20点）

(1) Tom was sick yesterday. （疑問文に書きかえて，Yes で答える）

_____

(2) They walked to school yesterday. （疑問文に書きかえて，No で答える）

_____

重要 (3) Mike visited his uncle last summer. （下線部が答えの中心となる疑問文に）

_____

重要 (4) Ben ate two hamburgers. （下線部が答えの中心となる疑問文に）

_____

(5) What sport did Ken play yesterday？ （tennis を使って答える）

_____

5 次の日本文に合うように，（　）内の語句を並べかえて，全文を書きなさい。　（4点×4—16点）

(1) 彼女は2年前，福岡に住んでいましたか。

(did, years, Fukuoka, live, she, two, ago, in)？

_____

(2) あなたは昨日の午後，どこにいましたか。

(afternoon, you, where, yesterday, were)？

_____

重要 (3) あなたは昨夜何時に寝ましたか。

(night, go, did, you, to, bed, time, last, what)？

_____

(4) 11時に寝ました。（(3)の答え）

(went, I, bed, eleven, to, at).

_____

6 次の文を英語で書きなさい。　　　　　　　　　　　　　　　　　　（6点×3—18点）

(1) あなたは昨日英語を練習しましたか。

_____

(2) あなたはこの前の日曜日にどんな本を読みましたか。

_____

(3) だれがこの自転車を使いましたか。

_____

>>>>>>>>>>>>>>>>>>>>>>>>>> ◀ **Words & Phrases** ◀ <<<<<<<<<<<<<<<<<<<<<<<<

□stay「滞在する」　　□ánswer「答える」　　□quéstion「質問」　　□ate　eat の過去形

101

23 過去進行形

Step A 〉 Step B 〉 Step C

解答▶別冊 42 ページ

1 次の（ ）内から適語を選び，〇で囲みなさい。

(1) I (am, was) taking a bath at nine last night.

(2) She (is, was) talking with Mr. Sato now.

(3) Yesterday, my father came home at five. My brother and I (are, was, were) playing video games then.

2 次の日本文に合う英文になるように，＿＿に入る語を下の〔 〕内から選び，適切な形にかえて書きなさい。

(1) 彼らはそのとき野球をしていました。　They were ＿＿＿＿＿＿ baseball then.

(2) 私はそのとき昼食を食べていました。　I was ＿＿＿＿＿＿ lunch at that time.

(3) マリは数学を勉強していました。　Mari was ＿＿＿＿＿＿ math.

(4) ボブは公園を走っていました。　Bob was ＿＿＿＿＿＿ in the park.

(5) ベンは昨年，神戸に住んでいました。　Ben ＿＿＿＿＿＿ in Kobe last year.

〔 have, know, live, play, run, study, use 〕

3 各組の英文のちがいがわかるように，それぞれの意味を書きなさい。

(1) ① I am doing my homework now. 　（ 　　　　　　　　　　　　　　　 ）

　　② I was doing my homework then. 　（ 　　　　　　　　　　　　　　　 ）

(2) ① Is he listening to music now ? 　（ 　　　　　　　　　　　　　　　 ）

　　② Was he listening to music then ? 　（ 　　　　　　　　　　　　　　　 ）

4 次の対話文が完成するように，＿＿に適語を入れなさい。

(1) A : あなたはそのときピアノをひいていましたか。

　　　　＿＿＿＿＿＿ you ＿＿＿＿＿＿ the piano then ?

　　B : いいえ，ひいていませんでした。

　　　　No, I ＿＿＿＿＿＿.

(2) A : 私は昨日の9時はテレビを見ていませんでした。

　　　　I ＿＿＿＿＿＿ ＿＿＿＿＿＿ TV at nine yesterday.

　　B : そのときは何をしていたのですか。

　　　　What ＿＿＿＿＿＿ you ＿＿＿＿＿＿ at that time ?

　　A : ええと，雑誌を読んでいましたね。

　　　　Well, I ＿＿＿＿＿＿ ＿＿＿＿＿＿ a magazine.

5 次の文を（　）内の指示に従って書きかえなさい。

(1) Takeshi is driving a car. （過去進行形の文に）

_____

(2) Jim is writing a letter. （過去進行形の文に）

_____

(3) The girls were playing tennis. （否定文に）

_____

(4) Ben was swimming then. （疑問文に）

_____

(5) Mika was dancing on the stage. （下線部を Mika and Yuka にかえて）

_____

(6) What was Jane making there ? （ sandwiches を使って答える）

_____

6 次の日本文に合うように，（　）内の語句を並べかえて，全文を書きなさい。

(1) マキはそのとき私たちと話をしていました。
（ with, Maki, us, was, talking) then.

_____

(2) 彼はコンピュータを使っていませんでした。
（ was, a computer, not, he, using).

_____

(3) 彼らはそこで何をしていましたか。
（ were, there, doing, they, what)?

_____

1 2 3 Step C 4 5 6 Step C 7 8 9 Step C 10 11 12 Step C 13 14 15 16 Step C 会話表現(1) 17 18 19 20 Step C 21 22 23 24 25 Step C 会話表現(2) 実力テスト

ここで差をつける！

ing 形で，子音字を重ねる動詞は覚えてしまおう

・run「走る」→ running, swim「泳ぐ」→ swimming, sit「すわる」→ sitting, plan「計画する」の plan → planning, stop「止まる」→ stopping
中1ではまずこの5つを覚えてしまおう

Words & Phrases

□then「そのとき」　□at that time「そのとき」　□magazine「雑誌」　□stáge「ステージ，舞台」

Step **A** 〉 Step **B** 〉 Step **C**

●時 間 30分	●得 点
●合格点 70点	点

解答▶別冊 43 ページ

1 次の ( ) 内に適するものを選び, 記号を○で囲みなさい。 （3点×4―12点）

(1) Takeshi was ( ) basketball at that time.
　　ア　play　　　　　　　　イ　playing　　　　　　ウ　plays

(2) We ( ) in the park at three yesterday.
　　ア　are walking　　　　イ　was walking　　　　ウ　were walking

(3) He ( ) TV at nine last night.
　　ア　doesn't watch　　　イ　isn't watching　　　ウ　wasn't watching

(4) Who ( ) this bike at that time ?
　　ア　did he use　　　　　イ　was using　　　　　ウ　was he using

2 次の ( ) 内の語を適する形に直しなさい。 （3点×5―15点）

(1) Your father was (drink) coffee then. ＿＿＿＿＿＿＿＿＿

(2) We were (have) dinner at that time. ＿＿＿＿＿＿＿＿＿

(3) I was very hungry. I (want) some food. ＿＿＿＿＿＿＿＿＿

(4) She was (take) a bath at seven last night. ＿＿＿＿＿＿＿＿＿

(5) Mike and Tom were (swim) in the river. ＿＿＿＿＿＿＿＿＿

3 次の文の意味を書きなさい。 （4点×2―8点）

(1) A lot of birds were flying in the sky. (　　　　　　　　　　　　　)

(2) Who was singing on the stage ? (　　　　　　　　　　　　　)

4 次のメモはユカ (Yuka) のある日の午前中の行動を表したものです。メモを参考にして, (1) ～(3)の問いに英語で答えなさい。 （4点×3―12点）

ユカの午前中の行動

6:00　起床
7:00　朝食
8:00　イヌの散歩
9:00　宿題
11:00 音楽鑑賞
12:00 昼食

(1) What time did Yuka get up ?
＿＿＿＿＿＿＿＿＿＿＿＿＿＿＿＿＿＿＿＿＿＿＿＿＿

(2) Was she having breakfast at eight ?
＿＿＿＿＿＿＿＿＿＿＿＿＿＿＿＿＿＿＿＿＿＿＿＿＿

(3) What was she doing at eleven ?
＿＿＿＿＿＿＿＿＿＿＿＿＿＿＿＿＿＿＿＿＿＿＿＿＿

5 次の日本文に合うように，＿に適語を入れなさい。 （4点×4—16点）

(1) マリはそのとき公園を走っていました。

Mari ＿＿＿＿＿ ＿＿＿＿＿ in the park ＿＿＿＿＿.

(2) 私たちはそのときテレビゲームをしていませんでしたよ。

We ＿＿＿＿＿ ＿＿＿＿＿ video games at that ＿＿＿＿＿.

(3) あなたは3時ごろギターの練習をしていたのですか。— はい，そうです。

＿＿＿＿＿ you ＿＿＿＿＿ the guitar about three ? — Yes, I ＿＿＿＿＿.

重要 (4) だれがそのとき皿を洗っていましたか。— メアリーです。

＿＿＿＿＿ ＿＿＿＿＿ washing the dishes then ? — Mary ＿＿＿＿＿.

6 次の文を（ ）内の指示に従って書きかえなさい。 （5点×3—15点）

重要 (1) A student was helping Mr. Sato. （下線部を a lot of にかえた文に）

＿＿＿＿＿＿＿＿＿＿＿＿＿＿＿＿＿＿＿＿＿＿＿＿＿＿＿＿＿＿＿

(2) Ken was taking a bath then. （疑問文に書きかえて，No で答える）

＿＿＿＿＿＿＿＿＿＿＿＿＿＿＿＿＿＿＿＿＿＿＿＿＿＿＿＿＿＿＿

(3) Judy was making dinner at that time. （下線部が答えの中心となる疑問文に）

＿＿＿＿＿＿＿＿＿＿＿＿＿＿＿＿＿＿＿＿＿＿＿＿＿＿＿＿＿＿＿

7 次の日本文に合うように，（ ）内の語句を並べかえて，全文を書きなさい。ただし，下線の語は形をかえること。 （5点×2—10点）

(1) 生徒たちはそのとき教室をそうじしていました。

(the classroom, were, the students, clean, then).

＿＿＿＿＿＿＿＿＿＿＿＿＿＿＿＿＿＿＿＿＿＿＿＿＿＿＿＿＿＿＿

(2) あなたはどこで私たちを待っていたのですか。

(were, for, where, us, wait, you) ?

＿＿＿＿＿＿＿＿＿＿＿＿＿＿＿＿＿＿＿＿＿＿＿＿＿＿＿＿＿＿＿

8 次の文を英語で書きなさい。 （6点×2—12点）

(1) 私は宿題をしているところでした。

＿＿＿＿＿＿＿＿＿＿＿＿＿＿＿＿＿＿＿＿＿＿＿＿＿＿＿＿＿＿＿

(2) 彼(かれ)はそのとき眠(ねむ)っていませんでしたよ。 （sleep）

＿＿＿＿＿＿＿＿＿＿＿＿＿＿＿＿＿＿＿＿＿＿＿＿＿＿＿＿＿＿＿

>>>>>>>>>>>>>>>>>>> ◀ **Words & Phrases** ▶ <<<<<<<<<<<<<<<<<<<

□drink「飲む」 □take a bath「風呂(ふろ)に入る」 □fly「飛ぶ」 □sky「空」
□dish「皿」 □wait for ～「～を待つ」 □sleep「眠る」

24 be going to ～

Step A　Step B　Step C

解答▶別冊 43 ページ

1 ( )内から適語を選び，○で囲みなさい。

(1) I (am, are) going to read this book tonight.

(2) Ken is (goes, going) to talk with John tomorrow.

(3) We are going to (study, studying) together next Sunday.

2 次の文を be going to を使って未来の文に書きかえなさい。

(1) I play tennis.　_____

(2) You study math.　_____

(3) He works here.　_____

(4) Jane watches TV.　_____

3 次の文の意味を書きなさい。

(1) I'm going to visit the zoo tomorrow.

(　　　　　　　　　　　　　　　　　　　　　　　　　　　　　　　)

(2) Are you going to eat a hamburger ? — Yes, I am.

(　　　　　　　　　　　　　　　　　　　　　　　　　　　　　　　)

4 次の日本文に合うように，____に適語を入れなさい。

(1) ジョンは明日，車を洗うつもりです。

John _____ going to _____ his car tomorrow.

(2) 私は今晩，音楽を聞くつもりです。

I'm _____ to _____ to music tonight.

(3) 私たちはあなたを手伝わないでしょう。

We are _____ going _____ help you.

(4) 彼^{かれ}らは放課後，野球をするつもりですか。

_____ they _____ to play baseball after school ?

(5) いいえ，そのつもりはありません。((4)の答え)

No, _____ _____.

(6) あなたは次の土曜日，何をするつもりですか。

What _____ you _____ to do next Saturday ?

5 次の答えとして最も適するものを下から選び，記号で答えなさい。

(1) Are you going to play basketball tomorrow ?　　　　　(　　)

(2) Is Mike going to use this bike tonight ?　　　　　(　　)

(3) When are you going to visit your aunt ?　　　　　(　　)

(4) How does he go to school every day ?　　　　　(　　)

(5) What are you going to be in the future ?　　　　　(　　)

ア　Yes, we are.	イ　I'm going to visit her tomorrow.
ウ　He walks to school.	エ　He's going to ride a bike.
オ　No, he isn't.	カ　I'm going to be a doctor.

6 次の日本文に合うように，（　）内の語句を並べかえて，全文を書きなさい。

(1) 私は今晩，宿題をするつもりです。

I'm (my, to, homework, going, do) tonight.

(2) 彼らはここに滞在しないでしょう。

They (to, stay, not, are, going) here.

(3) あなたは明日，彼女と会う予定ですか。

(going, you, meet, are, to) her tomorrow ?

(4) トムは次の日曜日，何をするつもりですか。

(is, what, going, Tom, do, to) next Sunday ?

━━━━ ここで差をつける！ ━━━━

どの文でも going to の部分はかわらない

・肯定文：He is 　　 going to visit Osaka.　be 動詞は主語に応じて am，are，is を使い分ける

・否定文：He is not going to visit Osaka.　be 動詞の後ろに not

・疑問文：　 Is he going to visit Osaka ?　〈be 動詞＋主語〉の語順

▶ Words & Phrases ◀

□tonight「今夜」　□tomórrow「明日」　□next「次の」　□fúture「未来」　□in the future「将来」
□dóctor「医者」

107

Step A ▷ Step B ▷ Step C

1 次の語を読むとき，いちばん強く発音する部分の記号を○で囲みなさい。　（2点×4─8点）

(1)　to-night　（tonight）
　　　ア　イ

(2)　fu-ture　（future）
　　　ア　イ

(3)　af-ter-noon　（afternoon）
　　　ア　イ　　ウ

(4)　to-mor-row　（tomorrow）
　　　ア　イ　　ウ

2 次の（　）内に適するものを選び，記号を○で囲みなさい。　（3点×4─12点）

(1)　We are going（ア　have　イ　to have）lunch at the cafeteria.

(2)　My uncle（ア　not going　イ　isn't going）to buy a new house.

(3)　（ア　Are　イ　Do）Maki and Yuki going to dance on the stage ?

(4)　How（ア　the weather is　イ　is the weather）going to be tonight ?

3 次の文を（　）内の指示に従って書きかえなさい。　（4点×5─20点）

(1)　Bob is going to play tennis.　（下線部を Bob and Mike にかえて）
_____

(2)　Jane is going to meet him.　（否定文に）
_____

(3)　The girls are going to have a party.　（疑問文に）
_____

(4)　Ken is going to visit the zoo tomorrow.　（下線部が答えの中心となる疑問文に）
_____

重要 (5)　They're going to stay in Korea for a week.　（下線部が答えの中心となる疑問文に）
_____

4 次の文の意味を書きなさい。　（5点×2─10点）

(1)　I'm going to be an English teacher in the future.
　　（　　　　　　　　　　　　　　　　　　　　　　　　　　　　）

(2)　Who is going to come here tonight ? — Mike and Jane are.
　　（　　　　　　　　　　　　　　　　　　　　　　　　　　　　）

5 次の日本文に合うように，（ ）内の語句を並べかえて，全文を書きなさい。ただし，1語不足しているので補うこと。 （5点×4—20点）

(1) 私たちは昼食後，バスケットボールをするでしょう。
We (are, play, going, after, basketball) lunch.

_____

(2) あなたはどこでラケットを買うつもりですか。
(to, where, are, you, buy) a racket ?

_____

(3) 私は今日の午後，その自転車を使わないでしょう。
I'm (use, the bike, going, this, to) afternoon.

_____

重要(4) あなたは将来，何になるつもりですか。
What (you, to, in, going, are) the future ?

_____

6 次の文を be going to を使った英語で書きなさい。 （6点×2—12点）

(1) 私は明日，部屋をそうじするつもりです。

_____

(2) あなたは次の月曜日，その本を読むつもりですか。

_____

7 次のメモはケンタ(Kenta)の今週の予定表です。メモを参考にして，(1)～(3)の問いに英語で答えなさい。 （6点×3—18点）

(1) Is Kenta going to practice the guitar this Friday ?

_____

(2) When is Kenta going to visit his grandmother ?

_____

(3) What is Kenta going to do this Sunday ?

_____

ケンタの予定
・金曜日
　ギターの練習
・土曜日
　祖母を訪問
・日曜日
　宿題をする

1 2 3 Step C 4 5 6 Step C 7 8 9 Step C 10 11 12 Step C 13 14 15 16 Step C 会話表現(1) 17 18 19 20 Step C 21 22 23 24 25 Step C 会話表現(2) 実力テスト

> **Words & Phrases**
□wéather「天気」　□párty「パーティー」　□Koréa「韓国・朝鮮」　□grándmother「祖母」

25 will

Step A ＞ Step B ＞ Step C

解答▶別冊 45 ページ

1 次の日本文に合うように，＿＿に適語を入れなさい。

(1) 私は明日，図書館に行くでしょう。

I ＿＿＿＿＿＿ go to the library tomorrow.

(2) 彼女は今晩，この本を読むでしょう。

She ＿＿＿＿＿＿ ＿＿＿＿＿＿ this book tonight.

(3) 私たちは今日，野球の練習をしないでしょう。

We ＿＿＿＿＿＿ ＿＿＿＿＿＿ practice baseball today.

(4) 彼らは放課後，教室のそうじをしないでしょう。

They ＿＿＿＿＿＿ clean the classroom after school.

2 次の各組の英文がほぼ同じ意味を表すように，＿＿に適語を入れなさい。

(1) ｛ Kumi is going to play tennis.
　　 Kumi ＿＿＿＿＿＿ play tennis.

(2) ｛ Judy is going to cook today.
　　 Judy ＿＿＿＿＿＿ ＿＿＿＿＿＿ today.

(3) ｛ My brother is going to study science tonight.
　　 My brother ＿＿＿＿＿＿ ＿＿＿＿＿＿ science tonight.

3 次の文の意味を書きなさい。

(1) She will visit Nagoya next week.

（　　　　　　　　　　　　　　　　　　　　　　　　　　　　　　）

(2) Will Mike come here tonight ? — No, he won't.

（　　　　　　　　　　　　　　　　　　　　　　　　　　　　　　）

4 意味が通る対話文になるように，＿＿に適語を入れなさい。

(1) *A :* Will your mother make a cake ?

B : Yes, ＿＿＿＿＿＿ ＿＿＿＿＿＿.

(2) *A :* ＿＿＿＿＿＿ you go to Okinawa next Sunday ?

B : No, I ＿＿＿＿＿＿. I'll stay home next Sunday.

(3) *A :* ＿＿＿＿＿＿ ＿＿＿＿＿＿ Tom buy at the store ?

B : He'll buy some apples there.

5 次の文を（　）内の指示に従って書きかえなさい。

(1) He washes his car. （will を使った未来の文に）

_____

(2) Ken will call you tonight. （否定文に）

_____

(3) They will enjoy the festival. （疑問文に）

_____

(4) Jane will stay in Spain. （下線部が答えの中心となる疑問文に）

_____

6 次の日本文に合うように，（　）内の語句を並べかえて，全文を書きなさい。

(1) 次の電車はまもなく来るでしょう。　The (will, train, next, soon, come).

_____

(2) 彼はここで働かないでしょう。　(work, he, here, not, will).

_____

(3) 彼女は明日，買い物に行くでしょうか。　(will, shopping, she, tomorrow, go)?

_____

7 もしあなたが次のようにたずねられたら，どのように答えますか。あなた自身について 3 語以上の英語で答えなさい。

(1) Will you watch TV tonight?

_____

(2) What will you do next Sunday?

_____

1 2 3 Step C 4 5 6 Step C 7 8 9 Step C 10 11 12 Step C 13 14 15 16 Step C 会話表現(1) 17 18 19 20 Step C 21 22 23 24 25 Step C 会話表現(2) 実力テスト

━━ ここで差をつける！ ━━

will の短縮形を使いこなす

・will not → won't　：　I won't go to Osaka.

・I will → I'll　：　I'll go to Osaka.

〈代名詞＋ will〉は，you'll (= you will)，he'll (= he will)，she'll (= she will)
it'll (= it will)，we'll (= we will)，they'll (= they will) などがある

▶ **Words & Phrases** ◀

□call「電話をする」　　□féstival「祭り」　　□Spain「スペイン」　　□train「電車」
□soon「すぐに，まもなく」

Step A　Step B　Step C

●時　間　30分	●得　点
●合格点　70点	点

解答▶別冊 46 ページ

1 次の語句の短縮形を書きなさい。　　　　　　　　　　　　　　　（2点×6—12点）

(1) I will _____

(2) he will _____

(3) we will _____

(4) will not _____

(5) was not _____

(6) were not _____

2 次の（　）内に適するものを選び，記号を○で囲みなさい。　　（3点×4—12点）

(1) He will（ ア　play　イ　plays　ウ　playing ）soccer after school.

(2) （ ア　Is　イ　Does　ウ　Will ）Mike go there tomorrow ?

(3) （ ア　She　イ　She'll　ウ　She's ）going to practice the piano.

(4) When（ ア　you will　イ　will you　ウ　will ）go to Kyoto ?

3 次の(1)〜(4)の文に続けるときいちばん意味の合う文を下から選び，（　）内にその記号を書きなさい。　　　　　　　　　　　　　　　　　　　　　　　　　　　　（3点×4—12点）

(1) Tom is sick in bed now.　　　　　　　　　　　　　　　　　　　　（　　　）

(2) My little brother is very hungry.　　　　　　　　　　　　　　　（　　　）

(3) Ken will go to Australia next year.　　　　　　　　　　　　　　（　　　）

(4) Mike is going to be a good tennis player.　　　　　　　　　　　（　　　）

ア　He practices it every day.	イ　He will watch TV after dinner.
ウ　He will eat a lot.	エ　He studies English very hard.
オ　He will not come to the party tonight.	

4 次の文を（　）内の指示に従って書きかえなさい。　　　　　　（3点×4—12点）

(1) They will run in the park.　（ be going to を使ってほぼ同じ内容の文に）

_____

(2) He will clean his room.　（疑問文に書きかえて，yes で答える）

_____

(3) Ms. White will use this room.　（疑問文に書きかえて，no で答える）

_____

(4) Ken will be <u>18 years</u> old tomorrow.　（下線部が答えの中心となる疑問文に）

_____

5 次の日本文に合うように,（ ）内の語句を並べかえて,全文を書きなさい。 （5点×4—20点）

(1) 新しい書店が,まもなく開店するのですか。
（soon, a new, will, bookstore, open）?

_____

(2) 彼らは来年,高校生になります。
They（be, high school, will, next, students）year.

_____

(3) 私の大好きなチームは試合に勝たないでしょう。
My（win, favorite, will, not, team）the game.

_____

(4) あなたは今週末,どこに行くつもりですか。
（go, will, this, where, you）weekend?

_____

6 次の文を will を使った英語で書きなさい。 （7点×2—14点）

(1) 私はすぐにあなたを手伝うつもりです。

_____

(2) だれが次の火曜日に教室をそうじするでしょうか。

_____

7 次のメモはある中学校の生徒たちが開くホームパーティーの内容のメモです。メモを参考にして,(1)～(3)の問いに英語で答えなさい。 （6点×3—18点）

ホームパーティー
日時：9月15日
　　　午後3時～
場所：ユカの家
参加者：10名
夕食：みんなで
カレー（curry）をつくる

(1) What time will the party start?

_____

(2) Where will the students have the party?

_____

(3) What will they have for dinner?

_____

▶ **Words & Phrases** ◀

□bóokstore「書店」　□fávorite「大好きな,お気に入りの」　□win「勝つ」　□wéekend「週末」

113

解答▶別冊 47 ページ

Step A 〉 Step B 〉 Step C

●時 間 40分	●得 点
●合格点 70点	点

1 それぞれの文を読むとき，途中で〔 〕内に示す回数だけ区切るとすればどこが適切ですか。区切る所の記号を書きなさい。 （1点×4—4点）

(1) Last　night　I　watched　TV　with　my　family.〔2〕
　　　　ア　　　イウ　　　　　エ　オ　　　カ　キ

(2) What　time　did　you　get　up　this　morning？〔1〕
　　　　ア　イ　ウ　エ　オ　カ　キ

(3) I'll　go　to　church　next　Sunday.〔1〕
　　　ア　イ　ウ　　　エ　　　オ

(1)	
(2)	
(3)	

2 それぞれの単語の下線部の発音がほかの2つと異なるものを選び，その記号を書きなさい。 （2点×4—8点）

(1) ア br<u>ea</u>d　　イ sp<u>ea</u>k　　ウ w<u>ee</u>k
(2) ア ag<u>o</u>　　イ kn<u>o</u>w　　ウ d<u>oo</u>r
(3) ア <u>th</u>en　　イ ma<u>th</u>　　ウ <u>th</u>ese
(4) ア like<u>d</u>　　イ visite<u>d</u>　　ウ watche<u>d</u>

(1)
(2)
(3)
(4)

3 次の（ ）内から適語を選び，記号で答えなさい。 （2点×4—8点）

(1) He's（ ア go　イ goes　ウ going ）to use this bike.
(2) Tom（ ア won't　イ isn't　ウ don't ）go there.
(3) Bill（ ア wash　イ washes　ウ washed ）the car yesterday.
(4) （ ア Are　イ Did　ウ Were ）you playing the piano at about three yesterday？

(1)
(2)
(3)
(4)

4 次の日本文に合うように，（ ）に適語を入れなさい。

(1) あなたは明日，6時に起きますか。　（　　）（　　）get up at six tomorrow？
(2) だれがステージで踊る予定ですか。
　　Who（　　）（　　）to dance on the stage？
(3) 彼はそのとき本を読んでいました。　He（　　）（　　）a book then.
(4) あなたはいつ京都を訪れましたか。　（　　）（　　）you visit Kyoto？
(5) 私はこの前の日曜日に公園に行きました。　I（　　）to the park（　　）Sunday.

（4点×5—20点）

(1)		(2)	
(3)		(4)	
(5)			

5 次の文の答えとして最も適するものを下から選び，記号で答えなさい。 （3点×5—15点）

(1) Will you study Japanese ?

(2) Did you study English last night ?

(3) Is your sister going to visit the zoo ?

(4) Who was singing a song in your class ?

(5) What sport did you do last Saturday ?

ア Yes, I did.	イ No, she isn't.	ウ Yes, I will.
エ Jane was.	オ Yes, she was.	カ I played soccer.

6 次の文を（　）内の指示に従って書きかえなさい。

(1) Miki will go to Osaka by train. （下線部が答えの中心となる疑問文に）

(2) Tom will wash his car. （going を使ってほぼ同じ内容の文に）

(3) John was studying in his room then. （下線部が答えの中心となる疑問文に）

(4) She lives in America. （文末に last year をつけ加えた文に）

(5) Bill watched a baseball game on TV. （疑問文に）

（5点×5—25点）

(1)

(2)

(3)

(4)

(5)

7 次の文を英語で書きなさい。

(1) だれが公園にいましたか。

(2) あなたはそのとき泳いでいたのですか。

(3) 私は昨日テニスをしました。

(4) ケンは明日，宿題をするつもりです。

（5点×4—20点）

(1)

(2)

(3)

(4)

1
2
3
Step C
4
5
6
Step C
7
8
9
Step C
10
11
12
Step C
13
14
15
16
Step C
会話表現 (1)
17
18
19
20
Step C
21
22
23
24
25
Step C
会話表現 (2)
実力テスト

会話表現（2）

●時間 30分　●合格点 70点　●得点　　点

解答▶別冊 48 ページ

1 次の日本文に合うように，＿＿に適語を入れなさい。 （4点×2—8点）

(1) （電話口で）メアリーさんをお願いします。

＿＿＿＿＿＿ I ＿＿＿＿＿＿ to Mary, please ?

(2) （店員が）いらっしゃいませ。

＿＿＿＿＿＿ I ＿＿＿＿＿＿ you ?

2 次の場面にふさわしい英語を下から選び，記号で答えなさい。 （4点×5—20点）

(1) 相手にものを手渡すとき （　　　）

(2) 電話を切らないで待つようにと言うとき （　　　）

(3) 少々お待ちくださいと言うとき （　　　）

(4) 客にこちらはどうですかと提案するとき （　　　）

(5) 電話で今，話しているのは私ですと言うとき （　　　）

> ア　Just a minute, please.
> イ　Speaking.
> ウ　Hold on, please.
> エ　Here you are.
> オ　How about this one ?

3 次はジムが昨日の昼にハンバーガーショップに行ったときの会話です。これを読んで，あとの問いに答えなさい。 （5点×2—10点）

ジム：I'll have two hamburgers, please.

店員：（　　①　　）

ジム：That's all.

店員：For here or to go ?

ジム：To go, please.

(1) ①に入る適切なものを下から選び，記号で答えなさい。 （　　　）

ア　Anything else ?　　イ　How about you ?　　ウ　See you later.

(2) 次の質問に英語で答えなさい。

Did Jim have lunch at the hamburger shop yesterday ?

_____

4 次の対話の（ ）に入る適切なものをア〜ウから 1 つずつ選びなさい。　　（6点×2—12点）

(1)　*A*：What can I do for you ?

　　B：Thank you, but （　　　　　）.

　　ア　I'm just looking　　イ　I need your help　　ウ　I like it

(2)　*A*：How much is this ?

　　B：It's twenty dollars.

　　A：OK. （　　　　　）

　　ア　That's all.　　イ　I'll take it.　　ウ　Take care.

5 次は電話での会話です。下の英文を（ ）に入れて，会話を完成させなさい。　　（6点×3—18点）

A：Hello ?

B：Hello, this is Ken. （　　①　　）

A：Sorry, but she's out now. （　　②　　）

B：No, thank you. （　　③　　）

A：OK.

　　①（　　　　）　②（　　　　）　③（　　　　）

> ア　I'll call back later.
>
> イ　Speaking.
>
> ウ　Can I speak to Jane, please ?
>
> エ　Will you leave a message ?
>
> オ　Hold on, please.

6 次は道案内の場面です。これを読んで，あとの問いに答えなさい。　　（8点×4—32点）

A：I'm looking （　①　） the station. ⓐ(I,　there,　how,　can,　get)?

B：Go straight and turn right （　②　） the second corner.

　　You will see it （　③　） your left.

A：Thank you.

(1)　①〜③に適する語を下から選んで入れなさい。

　　①＿＿＿＿＿＿　　②＿＿＿＿＿＿　　③＿＿＿＿＿＿

　　〔at，for，from，in，on，with〕

(2)　下線部ⓐが「どうやってそこに行けますか」という意味になるように，（ ）内の語句を並べかえなさい。

1
2
3
Step C
4
5
6
Step C
7
8
9
Step C
10
11
12
Step C
13
14
15
16
Step C
会話表現 (1)
17
18
19
20
Step C
21
22
23
24
25
Step C
会話表現 (2)
実力テスト

総合実力テスト

●時 間 50分　●得 点
●合格点 70点　　　　点

解答▶別冊 48 ページ

1 次は留学生のトム(Tom)の自己紹介の文です。これを読んで，あとの問いに答えなさい。

Hello, everyone.

My name is Tom Brown. I am (　①　) Canada. I came to Japan last week and I'm ※staying with Ken now. I studied Japanese in Canada. (ⓐ)I can speak and read Japanese a little, but I can't write *kanji* well.

I like soccer very much. In Canada I practiced soccer very hard (　②　) school. (ⓑ)(いっしょにサッカーをしましょう。) I like Japanese food, too. Ken's mother cooks Japanese food (　③　) me every day. It's very nice. His father will take me to a *sushi* restaurant next Sunday. I'm very happy.

※stay with ～「～のところに滞在する」

(1) ①～③の(　)に適する語を下から選んで書きなさい。

〔 in, on, from, after, over, for, by 〕

(2) 下線部ⓐの意味を書きなさい。

(3) 下線部ⓑを英語で書きなさい。

(4) 次の問いに英語で答えなさい。

①　When did Tom come to Japan ?

②　Does Tom like Japanese food ?

③　What will Tom eat next Sunday?

((1) 2 点×3, (2)～(4)各 3 点×5―計 21 点)

(1)	①	②	③	
(2)				
(3)				
(4)	①			
	②			
	③			

2 次の各組の英文がほぼ同じ意味を表すように，(　)に入る適語を書きなさい。

(3 点×2―6 点)

(1) { That bike is old.
　　 That is (　　) (　　) bike.

(2) { Mr. and Ms. Sato will visit Canada next year.
　　 Mr. and Ms. Sato (　　) (　　) to visit Canada next year.

(1)	- - - - - - - -
(2)	- - - - - - - -

3 次の問いの文に対する答えの文のうち，最も強く読む語を１つずつ選び，記号で答えなさい。 （2点×2—4点）

(1)　What do you have in your bag ? — I have a camera.
　　　　　　　　　　　　　　　　　　　　ア　イ　ウ　エ

(2)　How long do you study English every day ?
　　— I study it for an hour every day.
　　　　ア　イ　　　　　ウ　　エ　　オ

(1)	
(2)	

4 次の文の答えとして最も適するものを下から選び，記号で答えなさい。 （2点×5—10点）

(1)　What day is it today ?

(2)　Which is your racket, Bob ?

(3)　Where are Bill and John ?

(4)　How long do you play tennis ?

(5)　How old is her mother ?

ア	This black one is.	イ	She is forty-two years old.
ウ	They are in the park.	エ	I play it for two hours.
オ	It's Saturday.	カ	I play it on Sunday.

(1)	
(2)	
(3)	
(4)	
(5)	

5 次の対話文が完成するように，(1)(2)は（　）内の語を適する形に直して書きなさい。(3)(4)は（　）に入る適語を書きなさい。 （3点×4—12点）

(1)　*A:* Did you enjoy your trip to Kyoto ?
　　B: Yes.　I (have) a good time there.

(2)　*A:* Who is that boy ?
　　B: He's Tom.　I know (he) very well.

(3)　*A:* (　　　) do you come to school ?　*B:* I walk to school.　〔香川〕

(4)　*A:* (　　　) guitar is this ?　*B:* It's mine.　I play it every day.〔愛媛〕

(1)	
(2)	
(3)	
(4)	

6 男の子と母親が話をしています。(1)〜(3)の会話の流れに合うように，絵の中の（ A ）に入る英文を４語以上の１文で書きなさい。　〔長崎—改〕

※look for 〜「〜をさがす」

（5点）

1
2
3
Step
C
4
5
6
Step
C
7
8
9
Step
C
10
11
12
Step
C
13
14
15
16
Step
C
会話表現
(1)
17
18
19
20
Step
C
21
22
23
24
25
Step
C
会話表現
(2)
実力
テスト

7 意味が通る対話文になるように，下線部の（ ）内の語句を並べかえて，全文を書きなさい。

(1) *Ms. Smith* : (at, book, look, don't, your) now. Just listen to me, OK ?

　　Student : I see, Ms. Smith. 〔山形〕

(2) *Ken* : In Japan, school starts in April. 〔茨城—改〕

　　Mike : I see. In my country, it usually starts in *late January.

　　Ken : Oh, really ? That's interesting. Mike, (start, summer, when, vacation, does) in Australia ?

　　Mike : In December, of course. *late January「1月の終わりに」

（4点×2—8点）

(1)	
(2)	

8 次の文を（ ）内の指示に従って書きかえなさい。

(1) He has some English books. （否定文に）

(2) Emi's sister plays the piano well. （can を使った文に）

(3) Ken has <u>thirty</u> DVDs. （下線部が答えの中心となる疑問文に）

(4) Kumi helped her mother in the kitchen. （過去進行形の文に）

（4点×4—16点）

(1)	
(2)	
(3)	
(4)	

9 次のような場合，あなたは英語でどう言いますか。その文を書きなさい。

(1) 相手に，現在の時刻をたずねる場合。

(2) 今，相手のお兄さんとテニスをしている人がだれかをたずねる場合。

(3) 昨夜，英語を勉強したかどうかを相手にたずねる場合。 〔島根〕

（6点×3—18点）

(1)	
(2)	
(3)	

ひっぱると, はずして使えます。➡

ハイクラステスト
中1 英語
解 答 編

1. I am 〜. / You are 〜.

Step A 　**解答**　　　　　　　本冊 ▶ pp. 2〜3

1 (1) こんにちは，ジム。ぼくはケンです。
　(2) ああ！ あなたがケンですね。
　(3) あなたはオーストラリアにいます。
　(4) 私はヤマダミホではありません。
　(5) あなたはサトウケイコです。

2 (1) Hello〔Hi〕　(2) I, am　(3) you, are
　(4) You, aren't〔You're, not〕　(5) I'm, not

3 (1) ウ　(2) エ　(3) ア　(4) オ　(5) イ

4 (1) I am Kumi.　(2) I am Mike.
　(3) Oh, you are Mike.

5 (1) エ　(2) イ　(3) ア　(4) ウ

6 (1) I am〔I'm〕Keiko.
　(2) You are〔You're〕from Kyoto.
　(3) I am〔I'm〕not in Nara.

解説

1 (1) I am 〜. は「私は〔が〕〜です」と自分のことを言うときに使う。　(2)(3)(5) You are 〜. は「あなたは〔が〕〜です」と話し相手のことを言うときに使う。　(4) I am〔I'm〕not 〜. は「私は〔が〕〜ではありません」と言うときに使う。

2 (1) Hello.「こんにちは」は朝・昼・晩いずれの時でも親しい人に呼びかけるときに使うあいさつ。Hi.「こんにちは」は Hello. よりもくだけたあいさつ。　(2)「私は〜です」は I am 〜. で表す。　(3) oh「あら，まあ，おお」は驚きを表す言葉。「あなたは〔が〕〜です」は You are 〜. で表す。　(4)「〜に」は in で表す。「あなたは〜ではありません」は You are not 〜. で表すが，解答欄が2つなので，短縮形の You aren't または You're not を使う。　(5)「ぼくは〜ではありません」は I am not 〜. で表すが，解答欄が2つなので，短縮形の I'm not を使う。

⚠ ここに注意　(5) I am not の短縮形は I'm not だけ。am と not の短縮形はないことに注意。
I ~~amn't~~ Jim.

3 (1)「私はナカノエリです」(2)「あなたはオーストラリアにいません」(3)「私はオーストラリア出身ではありません」(4)「あなたはヒロシです」(5)「私は今，オーストラリアにいます」

4 文のはじめは大文字に。文の終わりにピリオド(.)をつけることを忘れない。
(1)「私はクミです」(2)「ぼくはマイクです」(3)「あら，あなたがマイクね」

5 (1)〈I am in ＋場所.〉＝「私は〜にいます」(2)「私は〜です」(3)〈I am from ＋場所.〉＝「私は〜出身です」の否定文。(4) aren't ＝ are not

6 固有名詞(人名・国名など)は文の途中でも大文字で書き始める。(1)「ケイコ」＝ Keiko (2)「京都」＝ Kyoto (3)「奈良」＝ Nara

2. This is 〜. / That is 〜.

Step A 　**解答**　　　　　　　本冊 ▶ pp. 4〜5

1 (1) これは私の本です。
　(2) こちらはマイクです。
　(3) あれはたまごです。
　(4) これはペンではありません。
　(5) あちらはあなたの先生です。
　(6) あれは私の本です。

2 (1) ウ　(2) ア　(3) イ　(4) カ　(5) オ

3 (1) This, is　(2) That, is　(3) is, not

4 (1) a　(2) a　(3) a　(4) ×　(5) an　(6) ×
　(7) ×　(8) an

5 (1) This is not〔isn't〕a racket.
　(2) That is not〔isn't〕my mother.
　(3) This is Susie.

6 (1) That is Kate.
　(2) This is my bike.
　(3) This is not a hat.

7 (1) This is Mr. Sato.
　(2) That is〔That's〕an orange.
　(3) This is not〔isn't〕my book.
　(4) My name is Yukari.

解説

■1 (1)(2)This is ～. は「こちらは〔これは〕～です」と人を紹介したり，近くにあるものを説明するときに使う。　(3)(5)That is ～. は「あちらは〔あれは〕～です」と話し手や聞き手から離れた人やものを紹介したり説明するときに使う。　(4)This is not ～. は「こちらは〔これは〕～ではありません」と否定するときの言い方。　(6)That's は That is の短縮形。

> **⚠ ここに注意**　(6)That is には短縮形(That's)があるが，This is には短縮形はない。
> × This's my book.　　○ This is my book.

■2 (1)「あちらはヒロシではありません」(2)「こちらは私の父です」(3)「あれはイヌです」(4)「私の名前はヒロシです」(5)「これは私のイヌではありません」

■3 (1)「こちらは～です」と人を紹介するときは This is ～. で表す。　(2)「あれは～です」は That is ～. で表す。　(3)「これは～ではありません」は be 動詞 is のあとに not を入れる。

■4 (1)～(3)数えられる名詞の単数形の前にはふつう a(冠詞)をつける。(5)(8)ただし，母音〔ア，イ，ウ，エ，オに似た音〕の発音で始まる単語の前につける冠詞は an になることに注意しよう。　(4)(6)人名や地名などには冠詞はつかない。　(7)数えられる名詞であっても，my がついているときは，冠詞は不要。

> **⚠ ここに注意**　(7)my「私の」，your「あなたの」の前後どちらにも冠詞をつけないことに注意する。
> That is ✗ my chair.
> This is your ✗ book.

■5 (1)否定文は，be 動詞 is のあとに not を入れる。短縮形を使って This isn't でもよい。　(2)短縮形の That's not や That isn't も可能。　(3)主語が you から this にかわるので，be 動詞も are から is にかわる。

■6 (1)「あちらはケイトです」(2)「これは私の自転車です」my「私の」という語のあとには名詞がくる。(3)「これは帽子ではありません」not の位置に注意。

■7 (1)「こちらは～です」と人を紹介するときは This is ～. で表す。　(2)「あれは～です」なので That is の文。orange は数えられる名詞で母音の発音で始

まる語なので，前に an をつける。　(3)「これは～ではありません」という否定文は，This is not〔isn't〕～. で表す。　(4)「私の名前は～です」と自己紹介するときは My name is ～. で表す。

<table>
<tr><td colspan="2">**Step B** 解答</td><td>本冊 ▶ pp. 6～7</td></tr>
</table>

■1 (1) chair　(2) apple　(3) guitar　(4) notebook
■2 (1)ア　(2)ア　(3)ア　(4)ア　(5)ア　(6)イ
■3 (1) That, is　(2) My, is　(3) This, is
　　(4) You're, from　(5) isn't, an　(6) I'm, in
■4 (1)×　(2) an　(3)×　(4) a　(5)×
■5 (1)私の名前はクミです。
　　(2)あちらはあなたの先生ではありません。
　　(3)あなたは今，カナダにいます。
　　(4)私は生徒です。
　　(5)私はアメリカ出身ではありません。
　　(6)これは私の本ではありません。
　　(7)ああ，あなたがリックですね。
　　(8)こちらは私の父です。
■6 (1) I'm〔I am〕not a teacher.
　　(2) This is an apple.
　　(3) You aren't〔are not〕Mr. Sato.
　　(4) That is〔That's〕your dog.
■7 (1) This isn't〔is not〕my racket.
　　(2) That is〔That's〕your bike.
　　(3) My name is Jim.
　　(4) Oh, you're〔you are〕from Nagoya.

解説

■1 単語のつづりは正確に書けるようにしよう。
(1)「いす」＝ chair　(2)「りんご」＝ apple　(3)「ギター」＝ guitar　(4)「ノート」＝ notebook
■2 単語を覚えるときは，どの部分を強く読むかを意識して声に出して練習することが大切。(1) racket「ラケット」(2) teacher「先生」(3) orange「オレンジ」(4) father「お父さん，父親」(5) Canada「カナダ」(6) America「アメリカ」
■3 (1)「あちらは～です」は That is ～. で表す。　(2)「私の」＝ my　(3)「こちらは～です」と人を紹介するときは This is ～. で表す。　(4)「あなたは～出身です」は You are from ～. で表す。解答欄が2つなので，短縮形の You're を使う。　(5)「あれは～ではありません」は That isn't ～. で表す。egg「たまご」は数えられる名詞で母音の発音で始まる

3

語なので，前に冠詞の an をつける。　(6)「私は〜にいます」は I am in 〜. で表す。解答欄が２つなので，短縮形の I'm を使う。

4 (1)(5) 人の名前の前には冠詞をつけない。　(2) orange「オレンジ」は数えられる名詞で，母音の発音で始まるので，冠詞の an をつける。　(3) my「私の」がついている場合は冠詞をつけない。　(4) student「生徒」は数えられる名詞なので，冠詞の a をつける。

5 (1) My name is 〜. は「私の名前は〜です」の意味。　(2) That is not 〜. は「あちらは〔あれは〕〜ではありません」と否定するときに使う。your「あなたの」　(3) You're in 〜. は「あなたは〜にいます」の意味。now「今」　(4) I am 〜. は「私は〔が〕〜です」と自分のことを言う。student「生徒」　(5) I'm not from 〜. は「私は〜出身ではありません」の意味。　(6)(8) this「これは，こちらは」は近くの人を紹介したり，近くにあるものを説明するときに使う。　(7) You are 〜. は「あなたは〔が〕〜です」と話し相手のことを言うときに使う。

> **⚠ ここに注意**　(4) 冠詞の a や an は「ひとつの，ひとりの」という意味を表すが，特に訳す必要がない場合が多い。
> I'm a student.「私は（ひとりの）生徒です」
> This is a book.「これは（1 冊の）本です」

6 (1) be 動詞 am のあとに not を入れる。　(2) apple は数えられる名詞で母音の発音で始まる語なので，冠詞を an にかえる。　(3) be 動詞 are のあとに not を入れる。　(4) my cat「私のネコ」 → your dog「あなたのイヌ」

7 (1)「これは〜ではありません」は be 動詞 is のあとに not を入れて，This is not 〜. で表す。「ラケット」＝ racket　(2)「あれは〜です」は That is 〜. で表す。「自転車」＝ bike　(3)「名前」＝ name　(4)「あなたは〔が〕〜出身です」は You are from 〜. で表す。

3. Are you 〜 ? / Is this〔that〕〜 ?

Step A　　**解答**　　　　　　本冊 ▶ pp. 8〜9

1 (1) あなたはオーストラリア出身ですか。
　　— いいえ，ちがいます。私はカナダ出身です。
　　(2) これはあなたのカメラですか。

― はい，そうです。それは私のカメラです。
　　(3) あれはあなたの学校ですか，それともジムの学校ですか。— それはジムの学校です。

2 (1) It's　(2) isn't, cap　(3) an, apple

3 (1) Are you Ms. Brown ?
　　(2) This is Ken's bag.
　　(3) Is this an old racket ?
　　(4) Is that a book or a dictionary ?

4 (1) What, is, that　(2) It's, bike
　　(3) Are, you　(4) I, am

5 (1) Are you from China ?
　　(2) Is that your desk or Kumi's desk ?
　　(3) Is this an English book ?

6 (1) Is this your house ?
　　(2) Are you Mike's father ?

解説

1 (1) Are you 〜 ? は「あなたは〜ですか」の意味で，話し相手にたずねるときに使う。応答する文では No, I'm not.「いいえ，（私は）ちがいます」と，主語が異なる点に注意する。　(2) Is this〔that〕〜 ? は「これは〔あれは〕〜ですか」の意味で，近くに〔遠くに〕あるものについてたずねるときに使う。応答する文では Yes, it is.「はい，（それは）そうです」と，主語が it「それ」になる点に注意。　(3) Is that〔this〕A or B ? は「あれは〔これは〕A ですか，それとも B ですか」とたずねるときに使う。応答する文は，It's〔It is〕〜.「それは〜です」となる。〈人名＋'s〉は「（人名）の」と物の持ち主を表す表現で，Jim's は「ジムの」という意味になる。

> **⚠ ここに注意**　(2) this, that の疑問文には it を使って答える。

2 (1) What's this〔that〕？「これは〔あれ〕は何ですか」には，It's 〜.「それは〜です」と答える。　(2) Is this〔that〕〜 ?「これは〔あれは〕〜ですか」には，Yes, it is. または No, it isn't. と答える。hat「（ふちのある）帽子」と cap「（ふちのない）帽子」との区別に注意。　(3) Is that〔this〕A or B ?「あれは〔これは〕A ですか，それとも B ですか」には，It's〔It is〕〜. と答える。

3 (1) You are 〜. の疑問文は Are you 〜 ? で表す。(2)〈人名＋'s〉「（人名）の」を使う。「ケンの」＝ Ken's　(3) This is 〜. の疑問文は Is this 〜 ? で表

4

す。old は「古い」の意味。〈an(冠詞)+ old(形容詞)+ racket(名詞)〉の語順になっていることに注意する。　(4) Is that A or B ?「あれはAですか，それともBですか」の文にする。

4 (1)(2)「あれは何ですか」は What is that ? で表し，「それは〜です」= It is 〜. と答える。　(3)(4)「あなたは〜にいますか」は Are you in 〜? で表す。応答文は，Yes, I am. または No, I'm not. となる。

5 (1)「あなたは〜出身ですか」= Are you from 〜?　(2)「あれはAですか，それともBですか」= Is that A or B ?　(3)「これは〜ですか」= Is this 〜? English は「英語の」の意味。〈an(冠詞)+ English(形容詞)+ book(名詞)〉の語順になる。

6 (1)「あなたの家」= your house　(2)「マイクのお父さん」= Mike's father

Step B 解答 本冊 ▶ pp.10〜11

1 (1)ア　(2)イ　(3)ア　(4)イ　(5)ア
2 (1)Is, that, your　(2)it, isn't〔it's, not〕
　(3)It's, Tom's　(4)Are, you, from
　(5)I, am　(6)I'm, from
3 (1)ウ　(2)ア　(3)ウ　(4)イ
4 (1)Is, No, isn't　(2)your, It
　(3)Are, or, I'm, from
5 (1)What is〔What's〕this ?
　(2)Is that your father's bike ?
6 (1)Is this Jane's new bag ?
　(2)Are you a teacher from Canada ?
7 例(1) No, I'm〔I am〕not. I'm from Japan.
　例(2) I'm〔I am〕a student.

解説
1 英単語は強く発音するところがある。強く発音するところはどこか，ふだんからよく注意して覚えよう。(1) racket「ラケット」　(2) Japan「日本」　(3) camera「カメラ」　(4) Australia「オーストラリア」　(5) dictionary「辞書」
2 (1)「あれは〜ですか」は Is that 〜? で表す。(2) Is that 〜? には，Yes, it is. または No, it isn't. で答える。　(3)「それは〜です」は It is〔It's〕〜. で表す。ここは解答欄の数から，短縮形の It's が適切。「トムの」= Tom's　(4)「あなたは〜ですか」は Are you 〜? で表す。「〜から来た生徒」= a student from 〜　(5) Are you 〜? には，Yes, I am.

または No, I'm not. で答える。　(6)「私は〜出身です」= I'm〔I am〕from 〜. で表す。ここは解答欄の数から，短縮形の I'm が適切。
3 (1) What is this ?「これは何ですか」には，yes「はい」や no「いいえ」ではなく，It's〔It is〕〜.「それは〜です」で答える。　(2)「これはあなたの自転車ですか」「はい，そうです。それは私の自転車です」　(3)「あなたはオーストラリア出身ですか」「いいえ，ちがいます。私はアメリカ出身です」　(4)「あれは大きなネコですか，それとも小さなトラですか」「それは大きなネコです」

【 ここに注意 】　(1)(4) What 〜?「何ですか」の疑問文と，〜 A or B ?「A，それともBですか」の疑問文には，Yes「はい」や No「いいえ」と答えず，It's〔It is〕〜. と答える。

4 (1)「これは自転車ですか」「いいえ，ちがいます」　(2)「これはあなたの自転車ですか」「はい。それは私の自転車です」　(3)「あなたはオーストラリア出身ですか，それともカナダ出身ですか」「私はオーストラリア出身です」
5 (1)「これは写真です」を「これは何ですか」= What is this ? に書きかえる。　(2)「あなたのお父さんの」= your father's は，〈名詞 + 's〉の形に注意。
6 (1)「これは〜ですか」= Is this 〜? 「ジェーンの新しいかばん」= Jane's new bag は語順に注意。(2)「あなたは〜ですか」= Are you 〜? 「〜から来た先生」= a teacher from 〜
7 (1)質問は「あなたは中国出身ですか」という意味。　(2)質問は「あなたは生徒ですか，それとも先生ですか」の意味。Yes, I'm a junior high school student.「はい，私は中学生です」などと答えてもよい。

Step C 解答 本冊 ▶ pp.12〜13

1 (1)ウ　(2)ウ　(3)イ
2 (1)×　(2)a　(3)an　(4)×　(5)×
3 (1)イ　(2)イ　(3)ウ　(4)ア
4 (1) This is not your bag.
　(2) Are you Jane's sister ?
　(3) I'm not an English teacher.
　(4) Is that Kumi's new hat ?

⑤ (1) father (2) aren't (3) big〔large〕

⑥ (1) Hello〔Hi〕, am (2) this, is (3) I'm, not

(4) What, that (5) Is, or

⑦ (1) Are you from China ?

(2) I'm〔I am〕not in Hokkaido now.

⑧ 例(1) No, I'm〔I am〕 not.

例(2) My name is Hideki.

例(3) I'm〔I am〕a student.

解説

① (1) ウは[ɔː], ほかの2つは[æ]と発音する。

(2) ウは[i], ほかの2つは[ai]と発音する。

(3) イは[z], ほかの2つは[s]と発音する。

② (1)(5) 人名や地名の前には a〔an〕はつかない。

(2) doctor「医者」は数えられる名詞なので, 冠詞のaをつける。 (3) old book「古い本」は母音の発音で始まるので, 冠詞のanがつく。 (4) your「あなたの」, my「私の」, Ken's「ケンの」など持ち主を表す語の前にはa〔an〕はつかない。

❶ **ここに注意** (3) an old book のように, 名詞の前に形容詞がある場合, 形容詞の発音によって a, an を使い分ける。

③ yes, no で答える疑問文か, それとも何かをたずねている疑問文かを見分ける。 (1)(2) Is this〔that〕～?「これは〔あれは〕～ですか」には, Yes, it is. または No, it isn't. で答える。 (3) What's this ?「これは何ですか」には It's ～. で答える。 (4) Is this A or B ?「これはAですか, それともBですか」には It's ～. で答える。

④ (1) is, not から否定文と考える。「これはあなたのかばんではありません」 (2) Jane's「ジェーンの」のあとには名詞がくる。「あなたはジェーンのお姉さん〔妹さん〕ですか」 (3)〈an(冠詞)＋ English ＋ teacher〉の語順。「私は英語の先生ではありません」 (4)〈Kumi's(～の)＋ new ＋ hat〉の語順。「あれはクミの新しい帽子ですか」

⑤ (1)(3) 対になる語。 (2) 短縮形。

⑥ (1)「こんにちは」は Hello や Hi を使う。主語が I なので, 2つ目の解答欄に入る be 動詞は am が適切。 (2)「こちらは～です」と近くの人を紹介するときは this is ～を使う。 (3)「私は～ではありません」は I am not ～.だが, 解答欄の数から, 短縮形 I'm not の2語を入れる。 (4)「あれは何ですか」

= What is that ? (5)「これはAですか, それともBですか」= Is this A or B ?

⑦ (1)「～出身の」= from ～ (2)「私は～にはいません」= I am not in ～,「今」= now

❶ **ここに注意** (1) from は am〔are, is〕from「～出身です」と〈名詞＋ from ～〉「～から来た(名詞)」の使い方を覚えよう。
a teacher from Canada「カナダから来た先生」

⑧ (1)「あなたはアメリカ出身ですか」に答える。 (2)「あなたの名前は何ですか」には, My name is ～. と答える。your「あなたの」→ my「私の」となることに注意。 (3)「あなたは生徒ですか, それとも医者ですか」には, I'm〔I am〕～.「私は～です」と答える。

4. I like ～. / I have ～. / I study ～.

Step A 解答 本冊 ▶ pp.14～15

① (1) desks (2) boxes (3) friends
(4) babies (5) watches (6) knives

② (1) have (2) pens (3) like (4) study
(5) don't

③ (1) You, have (2) don't, have
(3) I, like (4) study, English
(5) don't, play

④ (1) have, three (2) have, four, books
(3) I, have, five, pencils

⑤ (1) あなたはペンを3本持っています。
(2) 私は野球をしません。
(3) 私は数学を毎日勉強します。
(4) 私はイヌがとても好きです。

⑥ (1) I like that cat.
(2) I have four notebooks.
(3) You don't study English.
(4) I play the guitar.

⑦ (1) I have two books.
(2) You don't〔do not〕like tennis.

解説

① 名詞(物の名称を表す語)のうち, 数えることができるものには, 単数・複数の区別がある。
〈複数形の作り方〉
① 語尾に s をつけるもの(たいていの名詞)
book(本)→ books pen(ペン)→ pens

6

② 語尾に es をつけるもの

（s，x，ch，sh で終わる語）

bus（バス）→ bus**es**　box（箱）→ box**es**

dish（皿）→ dish**es**　watch（腕時計）→ watch**es**

③ 語尾の y を i にかえて es をつけるもの

baby（赤ちゃん）→ bab**ies**

④ 語尾の f(e) を v にかえて es をつけるもの

leaf（葉）→ lea**ves**　knife（ナイフ）→ kni**ves**

2 (1) I have 〜. で「私は〜を持っている」の意味になる。　(2) two「2つの」とあるので，複数形のpens が適切。　(3) I like 〜. で「私は〜が好きだ」の意味になる。　(4) You study 〜. で「あなたは〜を勉強する」の意味になる。　(5) 一般動詞 play「（スポーツを）する」）の否定文は，直前にdon't〔do not〕を置く。

3 (1)「あなたは〜を持っている」= You have 〜.　(2) 一般動詞 have の否定文は，don't〔do not〕 haveの形になる。　(3)「私は〜が好きだ」= I like 〜.　(4)「〜を勉強する」= study，「英語」= English　(5)「（楽器を）ひく，演奏する」は，〈play the ＋楽器名〉で表す。

4「私は〜を持っています」は I have 〜. で表すが，複数個の場合は数詞(two，three，four …)だけでなく，名詞の複数形に注意する。　(1)「3本のバット」= three bats　(2)「4冊の本」= four books　(3)「5本のえんぴつ」= five pencils

5 (1) have「〜を持っている」　(2)〈play ＋競技名〉「（スポーツを）する」　(3) study「〜を勉強する」，every day「毎日」　(4) like 〜 very much「〜がとても好きだ」の意味。very much は like「好き」を強調する。

6 (1)「私は〜が好きだ」= I like 〜，「あのネコ」= that cat　(2)「私は〜を持っている」= I have 〜，「ノートを4冊」は，four(数詞)＋ notebooks(名詞)の語順になる。　(3) 一般動詞(study「勉強する」)の否定文は，don't〔do not〕を動詞の前に置く。　(4)「ギターをひく」= play the guitar

🛇 ここに注意　(1) this，that は名詞の前に置くと，this「この」，that「あの」という意味になる。その場合，冠詞(a, an)は不要である。

I like ~~a~~ that cat.(私はあのネコが好きです)

7 (1)「2冊の本」= two books　(2) 一般動詞(like「好き」)の否定文は don't〔do not〕を動詞の前に置く。

（右段）

Step B　**解答**　本冊 ▶ pp. 16〜17

1 (1) leaf　(2) watch　(3) chairs　(4) buses

　(5) countries　(6) apples

2 (1) have　(2) are　(3) study　(4) have

　(5) don't　(6) not　(7) don't

3 (1) I have two sisters.

　(2) You have an〔one〕orange.

　(3) I don't〔do not〕study English.

　(4) I play tennis every day.

　(5) I like baseball very much.

　(6) I'm not〔I am not〕a student.

　(7) You don't〔do not〕play the guitar.

　(8) You like this music.

4 (1) have, in　(2) study, every

　(3) like, very　(4) like, dogs

　(5) don't, play, the　(6) have〔eat〕, three

5 (1) I play basketball every Sunday.

　(2) You have a new computer.

　(3) I like milk very much.

　(4) I don't have lunch in the classroom.

6 (1) I have two bikes.

　(2) I don't have〔drink〕milk.

　(3) You like this book.

　(4) I study English every day.

解説

1 Step A **1** の解説を参照。

2 (1)「私はアメリカに友だちが3人います」　(2)「あなたはアメリカから来た生徒ですね」　(3)「私は数学を一生懸命勉強します」　(4)「あなたはすてきなラケットを持っていますね」　(5)「私はピアノを持っていません」　(6)「私は東京出身ではありません」　(7)「あなたはネコが好きではありません」

3 (1) two「2人の，2つの」になるので sister「姉，妹」を複数形にする。　(2) 単数形の orange「オレンジ」（母音の発音で始まる語）になるので，冠詞はan がつく。　(3)(7) 一般動詞 study〔play〕の否定文は，don't〔do not〕study〔play〕の形になる。　(4)「毎日」= every day　(5)「〜がとても好きだ」= like 〜 very much　(6) be 動詞の否定文。be 動詞(am)の後ろに not を入れる。　(8)「この音楽」= this music

4 (1)「友だちがいる」= have a friend, 「(場所)に」=〈in ＋場所〉 (2)「勉強する」= study,「毎日」= every day (3)「とても～が好き」= like ～ very much (4) like の後ろが複数形(dogs)になることに注意。「あのイヌが好きだ」(like that dog) のように特定の何かが好きな場合は，単数形にもなるが，「(全般的に)～が好きだ」という場合は，like の後ろの数えられる名詞は複数形。 (5)一般動詞(play「～を演奏する」)の否定文は，don't〔do not〕を動詞の前に置く。「ピアノをひく」= play the piano (6)「(飲食物を)とる」も have で表すことができる。eat「～を食べる」を使ってもよい。

> **❗ ここに注意** (6) have には「～がいる」「～を持っている」「～を食べる〔飲む〕」「～を飼っている」など複数の意味がある。文の前後関係から正しい意味を判断する。

5 (1)〈every ＋曜日〉「毎週～曜日」はふつう文末に置く。 (2)「新しいコンピュータ」= a new computer は単数なので冠詞の a がつく。 (3) very much は後ろに置く。 (4)「食べる」= have,「教室で」= in the classroom

6 (1)「2 台の自転車」= two bikes (2)「(飲食物を)とる」を表す have を使う。drink「～を飲む」を使ってもよい。 (3) book「本」は数えられる名詞だが，this「この」と特定しているので単数形でよい。like books とすると「(全般的に)本が好きだ」という意味になる。 (4)「毎日」= every day はふつう文末に置く。

5. Do you ～ ?

Step**A** **解答** 本冊 ▶ pp.18〜19

1 (1) Do, play (2) Do, like, do
(3) Do, play, don't (4) Do, have
(5) I, don't, don't, any

2 (1) Do, do (2) don't (3) Are, am
(4) Do, don't (5) Do, Yes (6) friends

3 (1) 私は毎週火曜日に野球をします。
(2) あなたは英語が好きですか。
　　— はい，好きです。
(3) あなたは兄弟が(何人か)いますか。
(4) いいえ，いません。私には兄弟が(ひとりも)いません。

4 (1) Do you like music ?
(2) Do you play volleyball ?
(3) Yes, I do.
(4) No, I don't〔do not〕.
(5) I like it very much.
(6) I don't have any computers.

5 A : Do you like soccer, Mike ?
B : Yes, I do. I play it every day.

解説

1 (1)(2)(3)「あなたは～しますか」という意味の一般動詞の疑問文は，文のはじめに Do を置き，文の終わりに〈？〉(クエスチョンマーク)をつける。また，Do you ～ ?「あなたは～しますか」には，Yes, I do. または No, I don't. で答える。 (4)「あなたには～が(何人か)いますか」は Do you have any ～ ? で表す。 (5)「私にはひとりも～がいない」は I don't〔do not〕 have any ～. で表す。

2 (1)(4)(5) 一般動詞(have, play, like)の疑問文。Do you ～ ? — Yes, I do. / No, I don't〔do not〕. となる。 (2) 一般動詞(like)の否定文。don't〔do not〕を like の前に置く。 (3) be 動詞(are)の疑問文。Are you ～ ? — Yes, I am. / No, I'm〔I am〕 not. となる。 (6) 疑問文中の any は「いくつかの，何人かの」という意味で，数えられる名詞とともに使うときは，複数形の前につく。

3 (1)〈every ＋曜日〉「毎週～曜日」 (2) Do you like ～ ?「あなたは～が好きですか」 (3) Do you have any ～ ? は「あなたには～が(何人か)いますか」の意味。 (4) I don't〔do not〕 have any ～. は「私にはひとりも～がいない」の意味。否定文中の any の意味に注意。

> **❗ ここに注意** (3)(4) any はふつう疑問文・否定文で使う。否定文の not ～ any は「ひとつも，ひとりも(ない)」という意味になることに注意する。

4 (1)(2) 一般動詞(like, play)の疑問文なので，Do you ～ ? の形にする。 (3)(4) Do you ～ ?「あなたは～しますか」には，Yes, I do. または No, I don't〔do not〕. で答える。 (5)「それ」= it は，くり返しをさけるために使う代名詞のひとつ。 (6) any のあとの数えられる名詞は複数形にする。

8

5 A「あなたはサッカーが好きですか，マイク」
B「はい，好きです。ぼくはそれを毎日します」
最後の文の it「それ」は soccer「サッカー」を指している。繰り返しをさけるために it が使われている。

---

1 (1)ア　(2)イ　(3)ア　(4)ア　(5)イ

2 (1) Sunday　(2) 木曜日　(3) Tuesday
(4) Wednesday　(5) 土曜日　(6) Friday
(7) 月曜日　(8) two　(9) three　(10) four　(11) five
(12) six　(13) 9　(14) 7　(15) 8

3 (1) Do, like, and　(2) do, I, like
(3) Do, have〔eat〕, or

4 (1) speak　(2) play　(3) eat　(4) don't
(5) like　(6) have

5 (1) Do you study math every day ?
(2) Do you have any tomatoes ?
(3) I don't〔do not〕have any watches.
(4) You don't〔do not〕speak English in the classroom, Jim.

6 (1) Do you like classical music or pop music ?
(2) I like classical music very much.
(3) Do you have any English books ?

7 (1) Do you play baseball every Sunday ?
(2) Do you like tennis ?
(3) Yes, I do. I play tennis〔it〕every Saturday.
(4) Do you study history every day ?
(5) No, I don't〔do not〕. I don't〔do not〕study history〔it〕every day.

解説
1 (2)(5)は強く発音する部分の位置に注意。
2 各曜日の言い方はよく出題される。つづりと発音をしっかり覚えておこう。1 から 10 までの英語の言い方は，one, two, three, four, five, six, seven, eight, nine, ten。正しく書けるように練習しよう。
3 (1)「〜と…」＝ and　(3)「〜それとも…」＝ or，「(飲食物を)とる」は have が使える。「〜を食べる」という意味の eat でもよい。
4 (1)「私は英語と日本語を話します」 (2)「あなたはピアノを毎週土曜日にひきますか」 (3)「あなたは

教室で昼食を食べますか」 (4)「私は納豆が好きではありません」 (5)「あなたはポピュラー音楽が大好きですね」 (6)「私には兄弟がひとりもいません」
5 (1) 一般動詞(study)の疑問文。文のはじめに Do を置き，文の終わりには〈？〉(クエスチョンマーク)をつける。 (2)「いくつか持っていますか」は Do you have any 〜 ? で表現する。 (3) any のあとの数えられる名詞は複数形になる。watch は語尾に es をつける。「私は腕時計をひとつも持っていません」 (4) 一般動詞(speak)の否定文。動詞の前に don't〔do not〕を入れる。「あなたは教室では英語を話しませんね，ジム」
6 (1)「〜それとも…」＝ or　(2)「とても(好き)」と like を強調するときは very much で表す。 (3)「英語の本」English books の前に any を置く。
7 「あなたは〜しますか」は Do you 〜 ? という形で表し，Yes, I do. / No, I don't〔do not〕. で答える。 (1)「毎週〜曜日」＝〈every ＋曜日〉 (3)(5)それぞれの後半の文は，tennis, history のくり返しを避けるために代名詞の it「それ」を用いてもよい。また，(5)のように every day を否定文で使うと，「毎日はしない，毎日するわけではない」という意味になる。

⚠ ここに注意　(5)は「毎日ではないが，歴史の勉強はする」という意味になる。

---

6. What do you 〜 ? / How many 〜 ?

1 (1)ア　(2)イ　(3)イ　(4)ア

2 (1) oranges　(2) classes　(3) babies
(4) knives

3 (1) What, have, have, some, balls
(2) What, do, want, want, orange

4 (1) How, many, pencils, have, five, pencils
(2) How, many, caps, have, three, caps

5 (1) ×　(2) ○　(3) ×　(4) ×　(5) ○

6 (1) What do you study every day ?
(2) How many hamburgers do you want ?
(3) You don't〔do not〕have any pens in the box.

7 (1) What do you have in your〔the〕bag ?

9

(2) I have some books.

(3) How many books do you have?

(4) I have six (books).

解説

■1 (1)(4)「何を」とたずねるときは what を文のはじめに置いて，そのあとに do you ～? を続ける。
(2)(3)「いくつの」と数をたずねるときは〈How many ＋名詞の複数形＋ do you ～?〉の形。

■2 複数形の作り方
(1) たいていの名詞は語尾に s をつける
(例) book → book**s**　pen → pen**s** など
(2) s，x，ch，sh で終わる語は，語尾に es をつける
(例) box(箱)→ box**es**
watch(腕時計)→ watch**es**
(3) 語尾の y を i にかえて es をつける
(例) country(国)→ countr**ies**
(4) 語尾の f(e)を v にかえて es をつける
(例) leaf(葉)→ lea**ves**

■3 「何を」とたずねるときは what を使う。
(1)「数個の，数本の，数冊の」を表すとき，肯定文（「～です」「～を持っています」などのようなふつうの文）では some を使う。疑問文や否定文では any を使うことに注意する。　(2) juice「ジュース」は液体で，数えられない名詞。この場合の some は「いくらか，少し」の意味。

🛡 ここに注意　some は肯定文，any は疑問文・否定文に使うことに注意する。

■4 How many や five，three などのあとにくる名詞は pencils，caps のように複数形にすることを忘れないよう注意する。

■5 複数形の s，es の発音は 3 種類（[s] [iz] [z]）。
(1) desk**s**[s]，pen**s**[z]　(2) cup**s**[s]，book**s**[s]
(3) apple**s**[z]，dishe**s**[iz]　(4) boxe**s**[iz]，bag**s**[z]
(5) sister**s**[z]，egg**s**[z]

■6 (1)「何を」とたずねるときは what の疑問文にする。「あなたは毎日何を勉強しますか」　(2)「いくつ」と数をたずねるときは〈how many ＋名詞の複数形〉の疑問文にする。「あなたはハンバーガーをいくつほしいですか」　(3) 否定文にするので，some を any にかえる。「あなたはその箱の中にペンを1本も持っていません」

■7 (1)「あなたの〔その〕かばんの中に」＝ in your 〔the〕bag　(2)「何冊かの本」＝ some books
(3) 数をたずねる表現なので，how many を使う。
(4)「6冊持っています」と答えるときは books を省略して I have six. と答えてよい。

Step B　解答　　本冊 ▶ pp.24～25

■1 (1) ♪　(2) ↘　(3) ↘　(4) ↘　(5) ♪
■2 (1) イ　(2) ウ　(3) オ　(4) ア　(5) キ
■3 (1) I have three (balls).
(2) I like orange juice.
(3) No, I don't〔do not〕.
■4 (1) イ　(2) ア　(3) イ
■5 (1) What do you play after school?
(2) How many apple pies do you want?
(3) What do you have in your bag?
(4) I want some milk.
(5) I don't〔do not〕have any friends in Australia.
■6 (1) How many DVDs do you have?
(2) I don't have any brothers.
(3) What do you play every Sunday?
(4) I want some history books.
■7 (1) How many dictionaries do you have?
　　— I have five (dictionaries).
(2) What do you want, Jane?
— I want some coffee.
(3) What do you do after school?
— I study English.

解説

■1 (1) Do you ～? や Are you ～? のように，疑問詞（what や how など）を使わない文は上げ調子に発音する。　(2)(4) 疑問詞を使う文は下げ調子に発音する。　(3) Do you ～? の文でも，A or B? で終わるときは，下げ調子になる。　(5) 疑問詞を使う文でも相手に呼びかけるときは，上げ調子になる。

■2 まずは yes / no で答えられる疑問文かどうかを確認しよう。　(1)「あなたには兄弟が何人いますか」「はい，います」　(2)「これはあなたのギターですか」「いいえ，ちがいます」　(3)「あなたはかばんの中に何を持っていますか」「ペンを何本か持っています」　(4)「あなたには兄弟が何人いますか」「私には兄弟が2人います」　(5)「あなたは何が好きですか」「私はすしが好きです」

> **⚠ ここに注意** What, How many など, 疑問詞で始まる疑問文には yes または no で答えない。

3 (1)「その箱の中にボールをいくつ持っていますか」に答える。「3つ持っています」と答えるときは balls を省略して I have three. と答えてよい。 (2)「オレンジジュース」＝ orange juice は複数の s をつけない。コップに入れれば1杯, 2杯というように数えられるが, 液体のジュースそのものは1つ, 2つと数えられないので, 複数形にはしない。 (3) Do you ～ ? の疑問文には, yes か no を使って答える。

4 名詞はすべて複数形になっており, some と any の使い方を問う設問になっている。 (1)疑問文では any「いくつか」を使う。「あなたはえんぴつを何本か持っていますか」 (2)肯定文では some「いくつかの」を使う。「私はTシャツが何枚かほしい」 (3)否定文では any を使う。not ～ any で「ひとつも～ない」の意味。「あなたはノートを1冊も持っていませんね」

5 (1) what の疑問文。「あなたは放課後何をしますか」 (2)数を問う how many の疑問文。「あなたはアップルパイがいくつほしいですか」 (3) what の疑問文。主語に合わせて「あなたのかばんに」＝ in your bag となることに注意。「あなたはかばんの中に何を持っていますか」 (4) milk「牛乳」は液体なので, some がついても複数形にしない。「私はいくらか牛乳がほしい」 (5)否定文では some を any にかえる。「私はオーストラリアにひとりの友だちもいません」

6 (1)「あなたは DVD を何枚持っていますか」 (2)「私には兄弟がひとりもいません」 (3)「あなたは毎週日曜日に何をしますか」 (4)「私は歴史の本が何冊かほしいです」

7 くだけた会話で主語が省略されているので, 文脈から主語を導き出そう。 (1)数を問う〈how many ＋複数形〉の疑問文。dictionary「辞書」の複数形は, y を i にかえて es をつける。応答文の「(私は)5冊持っています」は dictionaries を省略して I have five. と答えてよい。 (2)「(あなたは)何がほしいの」と問う what の疑問文。coffee「コーヒー」は液体なので, some がついても複数形にしない。 (3)「(あなたは)何をしますか」＝ What do

you do ? の2つめの do は「する」という意味の一般動詞。「放課後」＝ after school

Step C   解答   本冊 ▶ pp.26～27

1 (1)ア (2)ア (3)イ (4)ア (5)ウ
2 (1)イ (2)ア (3)イ (4)ア
3 (1)イ (2)イ (3)ア (4)イ
4 (1) don't, like (2) Do, any
  (3) have, three (4) What, want
  (5) study, Thursday
5 (1) I don't have any sisters.
  (2) What do you have in the box ?
  (3) Do you play basketball after school ?
6 (1)エ (2)オ (3)イ (4)ウ
7 (1) I like football〔soccer〕very much.
  (2) How many guitars do you have ?
8 (1) How many eggs do you want ?
  (2) I want four (eggs).

解説

1 (1)アは [z], ほかの2つは [s] と発音。 (2)アは [ʌ], ほかの2つは [juː] と発音。 (3)イは [uː], ほかの2つは [ʌ] と発音。 (4)アは [uː], ほかの2つは [u] と発音。 (5)ウは [ei], ほかの2つは [æ] と発音。

2 アクセントの位置に気をつけて覚える。

3 (1)「(楽器を)演奏する」＝〈play the ＋楽器〉 (2) like の後ろの数えられる名詞は, ふつう複数形になる。 (3)(4) not ～ any「ひとつも～ない」(否定文)と some「いくつかの」(肯定文)の使い分けに注意する。

4 (1)一般動詞の否定文。don't を like の前に入れる。 (2)(3)「～がいる」は動詞 have を使う。「いくつかの, 何人かの」は, 疑問文では any を使う。 (4)「何を」とたずねるときは what を文のはじめに置いて, そのあとに do you ～ ? を続ける。 (5)「勉強する」＝ study,「毎週木曜日」＝ every Thursday

> **⚠ ここに注意** (3) there「そこに」は場所のくり返しをさける表現。本問では there ＝ in Canada の関係が成り立つ。

5 (1)「私には姉妹がひとりもいません」 (2)「あなたは箱の中に何を持っていますか」 (3)「あなたは放

11

課後にバスケットボールをしますか」

6 (1) 何がほしいかを聞かれていて，want があるので，エ「ホットドッグがいくつかほしい」が適切。

(2) Do you 〜? には yes または no で答える。

(3) How many 〜? は「いくつ」と数をたずねていて，want があるので，イ「2 つほしい」が適切。

(4) What 〜? の疑問文には，yes, no で答えない。「あなたは何をしますか」ウ「テニスをします」

7 (1)「〜が大好きだ」＝ like 〜 very much　(2) How many の後ろは guitars と複数形にすることを忘れない。

8 ジュンコ：いくつたまごがほしいわ。

ナンシー：(1) たまごはいくつほしいの。

ジュンコ：(2) 4 つほしいわ。

7. Come in. / Don't 〜.

Step A 〔解答〕　本冊 ▶ pp. 28〜29

1 (1) ジム，座りなさい。

(2) どうぞ中に入ってください。

(3) 窓を開けてはいけません。

(4) テニスをしましょう。

(5) はい，そうしましょう。

(6) どうかドアを閉めてください。

(7) わかりました。

2 (1) Open　(2) Close, window

(3) Don't　(4) Don't, play

3 (1) Come to my house.

(2) Let's study math after school.

(3) Don't play football there.

4 Let's, have〔eat〕, lunch, Yes, let's

5 (1) Come, here　(2) Don't, play

(3) Please, open, door

(4) Let's, go, Yes, let's

(5) Let's, play, No, not

6 (1) Let's go to school.

(2) Open the window, please.

(3) Have a nice day.

(4) Don't watch TV now.

7 (1) Come in, Tom.〔Tom, come in.〕

(2) Don't go there.

(3) Let's play baseball.

(4) No, let's not.

解説

1 (1) Sit down. は「座りなさい」という意味の命令文。命令はいつも相手(you)に対して発せられるので，主語の you が省かれる。呼びかけの名前が文の前か後ろにつく場合もある。　(2)(6) 命令文に please「どうぞ，どうか」をつけるとていねいに頼む文になる。(6)のように後ろに置く場合は，ふつうカンマ(,)で区切る。　(3) Don't 〜. は「〜してはいけません」という禁止の命令文。　(4)〈Let's ＋動詞〉は「〜しましょう」と相手を誘うときの表現。(5)「〜しましょう」と誘われて「はい，そうしましょう」と答えるときは Yes, let's.，「いいえ，やめましょう」と答えるときは No, let's not. となる。

(7) All right〔OK〕.「わかりました」は命令文への応答に使われる。

2 命令文は動詞で文を始め，否定の命令文は Don't で文を始める。　(1)「教科書を開きなさい」　(2)「窓を閉めなさい，ジェーン」　(3)「この部屋を使ってはいけません」　(4)「公園で野球をしてはいけません」

> 🛡 **ここに注意**　命令文は動詞で始まる。英文を書く場合，大文字で始めることを忘れないようにする。

3 (1)「〜しなさい」は動詞で文を始め，主語は不要になる。「私の家に来なさい」　(2)「〜しましょう」は〈Let's ＋動詞〉の形で表す。「放課後に数学を勉強しましょう」　(3)「〜してはいけません」は〈Don't ＋動詞〉の形で表す。「そこでフットボール〔サッカー〕をしてはいけません」

4 相手を誘う表現なので，Let's で文を始め，「食べる」は have〔eat〕で表す。応答の文は「そうしましょう」なので Yes, let's. となる。

5 (1)「〜しなさい」という命令文は動詞で文を始める。「ここへ」＝ here　(2)「〜してはいけない」という禁止の命令文は〈Don't ＋動詞〉で表す。　(3)「どうか〜してください」とていねいに頼むときは命令文の前か後ろに please を置く。　(4)(5)〈Let's ＋動詞〉「〜しましょう」に対する，応答の文は Yes, let's.「はい，そうしましょう」と No, let's not.「いいえ，やめましょう」がある。

▶ **6** (1)相手を誘う文なので Let's で文を始める。「学校へ行く」＝ go to school　(2) please を文の最後に置くときは，カンマ(,)で区切る。　(3)〈Have a ～＋名詞.〉で「～な…を（過ごしてください）」という意味。Have a nice day.「すてきな１日を」
(4)禁止の文なので Don't で文を始める。

▶ **7** (1)呼びかける相手の名前(Tom)をカンマ(,)で区切る。「中に入る」＝ come in　(2) Don't を使う禁止の命令文。「そこに」＝ there　(3)(4) Let's を使って相手を誘う文。応答は Yes, let's. / No, let's not.

Step B　**解答**　本冊 ▶ pp. 30～31

1 (1) Come　(2) play　(3) Open　(4) study
(5) Have　(6) Sit

2 (1) Use, this, No, you, have
(2) Let's, have〔eat〕, let's, not, in
(3) Please, help, right
(4) Let's, watch, Yes, let's

3 (1) どうか英語をゆっくり話してください。
(2) そんなに速く歩いてはいけません。
(3) このたこ焼きを食べてみなさい。
(4) ミキ，歴史を勉強しましょう。

4 (1) Please clean this room.
〔Clean this room, please.〕
(2) Bob, don't open the door.
〔Don't open the door, Bob.〕
(3) Let's go to the stadium.

5 (1) Come here and help Tom's father.
(2) Let's go to the concert.
(3) Don't play video games now.

6 (1) Don't have〔eat〕the hamburger.
(2) Let's play tennis. — Yes, let's.
(3) Please come in.〔Come in, please.〕
— All right.〔OK.〕

7 (1) Mike, sit down.〔Sit down, Mike.〕
(2) Please help Jane.〔Help Jane, please.〕
(3) No, let's not.　(4) Don't use my bike.

解説

1 (1)「毎週日曜日に公園に来なさい」 (2)「ここで野球をしてはいけません」 (3)「どうか窓を開けてください」 (4)「毎日英語を勉強しましょう」 (5)「すてきな１日をお過ごしください」 (6)「どうぞ座ってください」

2 (1)「いいえ，けっこうです」と断るときは，No, thank you. と言う。 (2)「～しましょう」と誘われて，「いいえ，やめましょう」と答えるときは，No, let's not. と言う。 (3)相手の頼みに「いいですよ」と承諾するときは All right. や OK. と言う。(4)「～しましょう」と誘われて，「はい，そうしましょう」と答えるときは Yes, let's. と言う。「テレビを見る」＝ watch TV

3 (1) please を使ったていねいな命令文。slowly「ゆっくりと」 (2) Don't で始まる否定の命令文(禁止)。so fast「そんなに速く」 (3) try は「～を試す，試しに食べてみる」という意味。 (4) Let's で始まる相手を誘う文。

4 (1)ていねいに頼むときは please を使う。後ろに置く場合は，カンマ(,)が必要になる。 (2)禁止の文は〈Don't ＋動詞〉の形にする。呼びかける相手(Bob)はカンマ(,)で区切ることに注意。 (3)相手を誘うときは〈Let's ＋動詞〉の形にする。

5 (1) 2つの命令文 come here と help Tom's father を and でつなぐ。 (2) Let's で文を始める。 (3) Don't で文を始める。

6 (1)否定の命令文(禁止)は〈Don't ＋動詞〉の形。(2)相手を誘う文は〈Let's ＋動詞〉 (3) please「どうぞ」の位置は文頭でも文末でもよいが，カンマ(,)の有無に注意。「中に入る」＝ come in

7 (1)呼びかける相手(Mike)をカンマ(,)で区切る。「座る」＝ sit down　(2)ていねいに頼むときは please「どうぞ」を使う。文頭で用いる場合はカンマ(,)は必要ない。 (3) Let's go to Kyoto.「京都へ行こう」という勧誘を断るときは，No, let's not.「いいえ，やめましょう」と言えばよい。 (4)「私の自転車を使わないで」という否定の命令文(禁止)にする。

8. 3人称単数形の肯定文・否定文

1 (1) plays　(2) watches　(3) has　(4) study
(5) have　(6) doesn't　(7) don't

2 (1) has　(2) He, likes　(3) She, studies
(4) doesn't, speak　(5) They, play

3 (1) Tom has a new racket.
(2) Your sister goes to bed at nine.
(3) Bill doesn't play basketball after school.
(4) John and Mike ski in winter.

4 (1) plays　(2) teacher

5 (1) イ　(2) ア　(3) ウ

6 (1) swims　(2) play　(3) wants　(4) speak
(5) don't

7 (1) My brother has many DVDs.
(2) Kumi cooks very well.
(3) He doesn't play the piano before dinner.

解説

1 (1)(2)(3) 主語が3人称単数(Jim, he, Tom)なので，それぞれ一般動詞の語尾に s, es がつく。ただし，have の3人称単数形は has という形になる。(4) 主語が2人称(you)なので，一般動詞の語尾は変化しない。(5) 主語は3人称だが複数(Yuki and Ken)なので，一般動詞の語尾は変化しない。(6) 主語が3人称単数(she)なので，一般動詞の否定文は doesn't を使って表す。(7) 主語が1人称(we)なので，一般動詞の否定文は don't を使って表す。

> **🛡ここに注意**　1人称とは話し手(I や we など)のこと，2人称とは聞き手(you など)，3人称とは自分や相手以外の第3者(he, she, they など)のこと。

2 (1) 主語が3人称単数(Mari)なので，has を使う。(2) 主語が he「彼は」と3人称単数になるので，一般動詞の語尾に s をつける。(3) 主語が she「彼女は」と3人称単数になる。study は語尾の y を i にかえて es をつける。(4) 主語が3人称単数(Helen)の否定文は，〈doesn't ＋動詞の原形(語尾が変化していない形)〉を使って表す。(5) 主語は3人称だが複数(they)になるので，動詞の語尾に s, es をつける必要はない。

3 (1) 主語が1人称(I)から3人称単数(Tom)にかわ

るので，動詞も have → has となる。(2) 主語が2人称(you)から3人称単数(your sister)にかわるので，動詞も go → goes となる。(3) 3人称単数の否定文は，〈doesn't ＋動詞の原形〉で表す。(4) 主語が複数のとき，動詞の語尾に s が不要なので，skis → ski となる。

4 (1)「クミはよいテニス選手です」→「クミはテニスを上手にします」(2)「鈴木先生は数学を教えます」→「鈴木先生は数学教師です」

6 (1)「ケンは夏に毎日泳ぎます」(3人称単数)(2)「彼らは秋にサッカーをします」(複数)(3)「トムはいくらかのホットドッグとコーヒーをほしがっています」(3人称単数)(4)「ジェーンとスージーは日本語を少し話します」(複数)(5)「彼女の友だちはテレビを見ません」(複数)

7 (1) have → has：「私の兄〔弟〕はたくさん DVD を持っています」(2) cook → cooks：「クミはとても上手に料理をします」(3) 否定文なので動詞(play)の形はそのままでよい。「彼は夕食前にピアノをひきません」

1 (1) ○　(2) ×　(3) ×　(4) ○　(5) ○

2 (1) watches　(2) does　(3) walks　(4) tries

3 (1) doesn't, has　(2) has, have　(3) live
(4) buys　(5) have　(6) get

4 (1) Jim plays baseball on Sunday.
(2) Ken and Yuji have〔eat〕 lunch in the classroom.
(3) Yuki studies math after school.

5 (1) My uncle lives in the country.
(2) Keiko doesn't practice tennis on Saturday.
(3) My sister watches TV every day.
(4) They don't play football after school.

6 (1) ミキはフランス語を少し話します。
(2) オーストラリアから来たその生徒は日本食が好きではありません。

7 (1) swims, very, well
(2) sometimes, uses
(3) doesn't, read, before

8 (1) Yuji plays baseball in spring.
(2) Miho has〔eats〕 some sandwiches for lunch.
(3) Jane doesn't go to bed at eleven.

解説

1 (1)(4) [z(ズ)]　(2) speaks[s(ス)], plays[z(ズ)]
(3) likes[s(ス)], lives[z(ズ)]　(5) [iz(イズ)]

2 (1) 語尾が ch の動詞は es をつける。　(2) 主語が
3人称単数(Miho)なので，do を does にする。
(3) たいていの動詞は s をつけるだけでよい。　(4)
try は y を i にかえて es をつける。

3 主語が3人称か1・2人称なのか，また単数なの
か複数なのかを区別する。(1)「ボブは1本もペンを
持っていませんが，トムは3本持っています」　(2)
「私の兄〔弟〕は DVD を何枚か持っていますが，私
は1枚も持っていません」　(3)「私の姉妹は横浜に
住んでいます」　(4)「トムはあの店でペンを何本か
買います」　(5)「ビルとジムは家にたくさん切手を
持っています」　(6)「ケンの兄〔弟〕は朝の6時に起
きません」

> **⚠ ここに注意**　(5) 主語が Bill and Jim のよ
> うに3人称でも複数の場合は，動詞の語尾に s，
> es はつかない。

4 (1) 動詞の play「(スポーツを)する」が不足。主
語が3人称単数(Jim)なので，plays にする。「ジム
は日曜日に野球をします」　(2) 動詞の have〔eat〕
「食べる」が不足。主語が複数なので，動詞の語尾
はかえなくてよい。「ケンとユウジは教室で昼食を
食べます」　(3) 動詞の study が不足。主語が3人称
単数(Yuki)なので，studies にする。「ユキは放課
後に数学を勉強します」

5 (1) live → lives　(2) practices → doesn't practice
(3) watch → watches　(4) doesn't → don't

6 (1) a little「少し」　(2) the student from Australia
「オーストラリアから来たその生徒」までが主語。
Japanese には「日本語，日本人」(名詞)と「日本
の，日本語〔人〕の」(形容詞)の意味がある。

7 (1)「泳ぐ」は一般動詞の swim(s)，「とても上手
に」= very well　(2)「使う」は一般動詞の
use(s)，「ときどき」の意味を表す sometimes は
ふつう一般動詞の前に置く。　(3) 否定文は〈doesn't
＋動詞の原形〉，「読む」は一般動詞の read，「夕食
前に」= before dinner

> **⚠ ここに注意**　(2) sometimes「ときどき」，
> often「しばしば」，usually「たいてい」など，
> 頻度を表す語はふつう一般動詞の前に置く。

8 主語はすべて3人称単数である。　(1)「(季節)に」
=〈in ＋季節〉　(2)「昼食〔朝食，夕食〕に～を食べ
る」= have〔eat〕～ for lunch〔breakfast, dinner〕
(3)「寝る」= go to bed，「～時に」=〈at ＋数字〔時
刻〕〉

9. 3人称単数形の疑問文

Step A　解答　本冊 ▶ pp. 36〜37

1 (1) Does, does　(2) Does, does
(3) Do, do　(4) study, does　(5) does, has
(6) do, play　(7) study, studies

2 (1) Does, write, she, does
(2) Does, go, doesn't, goes
(3) What, does, have, has

3 (1) エミはときどき福岡にいるおばさんを訪
ねますか。
(2) あなたのお母さんは台所で何をしますか。
(3) あなたのお父さんは日曜日に車を洗います
か。

4 A：Does your sister study French at
school？
B：No, she does not.

5 (1) Ken doesn't like tennis.
(2) Does Keiko want a new bike？
(3) How many dictionaries does Yuji have？
(4) What does Bill use every day？

6 (1) Does the boy play basketball？
— No, he doesn't.
(2) Does Keiko help her mother？
— Yes, she does.
(3) What does he read after school？

解説

1 (1)(2)(4) 主語が3人称単数の一般動詞を使った疑問
文は，〈Does ＋主語＋動詞の原形(語尾が変化して
いない形)～？〉で表す。答えるときは，does また
は doesn't を使う。　(3) 主語が複数の疑問文は，
〈Do ＋主語＋動詞の原形 ～？〉で表す。答えるとき
は do または don't を使う。　(5)(7) 主語が3人称単
数のときの「…は何を～しますか」は，〈What
does ＋主語＋動詞の原形 ～？〉の形で表す。　(6)
主語が複数のときの「…は何を～しますか」は，
〈What do ＋主語＋動詞の原形 ～？〉の形で表す。

❗ ここに注意 疑問文に do があれば答えの文の一般動詞の語尾には s, es はつかない。does があれば s, es がついた形になる。

2 (1) 3人称単数の疑問文なので，〈Does ＋主語＋動詞の原形 〜 ?〉の形になる。クミコは女性なので，答えの文の主語では代名詞 she「彼女は」を使う。 (2)「寝る」＝ go to bed，疑問文では原形の go，肯定文では goes を使う。 (3) 疑問詞 what「何を」を使った文。動詞は疑問文では原形の have，肯定文では has を使う。

3 (1) sometimes「ときどき」 (2)〈What does ＋主語＋ do 〜 ?〉は「…は何をしますか」の意味。do は「する」という意味の動詞。 (3) wash「洗う」

4 一般動詞の疑問文は〈Do〔Does〕＋主語＋動詞の原形 〜 ?〉の形。答えは，〈Yes, 主語＋ do〔does〕.〉または〈No, 主語＋ don't〔doesn't〕.〉となる。主語が your sister なので，does〔doesn't〕を使う。

5 (1) 主語が3人称単数なので，否定文は〈doesn't ＋動詞の原形〉。 (2) 主語が3人称単数なので，疑問文は文頭に does を置き，動詞を原形に。 (3) 数を問うときは〈How many ＋名詞の複数形〉を使う。 (4)「何を」は疑問詞の what を使う。

6 (1)(2) 前半はそれぞれ〈Does ＋主語＋動詞の原形 〜 ?〉で表し，答えるときは，does または doesn't を使う。 (3)〈What does ＋主語＋動詞の原形 〜 ?〉の形で表す。「放課後」＝ after school

Step B **解答** 本冊 ▶ pp.38〜39

1 (1) 来る，comes (2) 洗う，washes
(3) 話す，speaks (4) 行く，goes
(5) 試してみる，tries (6) 教える，teaches
2 (1) ウ (2) ア (3) エ (4) イ (5) カ
3 (1) Does, doesn't, lives
(2) What, does, practices
4 (1) Does Jim have lunch at noon ?
— Yes, he does.
(2) What does Keiko study at college ?
(3) Jane doesn't have any pens in her bag.
(4) How many apples does Tom want ?
5 (1) スージーは毎朝6時に起きますか。

(2) ジムは朝食に何を食べますか。
(3) その少年は何羽の鳥を飼っていますか。
6 (1) What does Jane have in her hand ?
(2) Does Keiko watch TV before dinner ?
(3) Your father always reads a newspaper.
7 (1) Tom doesn't have a new bike.
(2) Does your brother play soccer ?
(3) Do they walk to the station ?
(4) What does she buy at the store〔shop〕?
8 (1) Yes, she is.
(2) She studies Japanese (there).
(3) No, she doesn't.
(4) She likes *sushi* (very much).
(5) No, she doesn't.

解説

1 (1)(3) たいていの動詞は s をつけるだけでよい。 (2)(4)(6) 語尾が sh，o，ch の動詞は es をつける。 (5) try は y を i にかえて es をつける。
2 (1) Ken は答えの文では he「彼は」で受ける。 (2) Ken's sister は答えの文では she「彼女は」で受ける。 (3)「ケンのお姉さん〔妹さん〕は何が好きですか」に答える。 (4) Ken's parents は答えの文では they「彼らは」で受ける。 (5)「ケンはラケットを何本持っていますか」に答える。
3 それぞれ主語が3人称単数であることを確認して空所に適切な形の語句を入れる。 (1) A「あなたのおばさんは今，大阪に住んでいますか」B「いいえ，住んでいません。彼女は神戸に住んでいます」 (2) A「マイクは学校で何を練習しますか」B「彼はそこで野球を練習します」
4 (1) 3人称単数形の一般動詞の疑問文は文頭に does を置き，動詞を原形(has → have)にする。主語が男性の Jim なので he を使って答える。 (2)「ケイコは大学で何を勉強しますか」という what「何を」を使った文にする。 (3) 3人称単数形の一般動詞の否定文は〈doesn't ＋動詞の原形〉の形にする。また，否定文では some を any にすることにも注意。 (4)「トムはりんごをいくつほしがっていますか」という数をたずねる文にする。

❗ ここに注意 3人称単数形の文でも，疑問文・否定文では動詞は原形にする。

16

5 (1) get up「起きる」⇔ go to bed「寝(ね)る」 (2) have ～ for breakfast[lunch, dinner]「朝食[昼食, 夕食]に～を食べる」 (3) have は「持つ」だけでなく, 前後の意味から適切な訳語を選ぶ。ここでは「飼う」が適切。

6 (1)「ジェーンは手に何を持っていますか」 (2)「ケイコは夕食前にテレビを見ますか」 (3) 頻度(ひんど)を表すalways「いつも」は, ふつう一般動詞の前(ばん)に置く。「あなたのお父さんはいつも新聞を読みます」

7 (1) 主語が3人称単数の否定文なので〈doesn't ＋動詞の原形〉の形。 (2) 主語が3人称単数の疑問文なので〈Does ＋主語＋動詞の原形 ～ ?〉の形。 (3) 主語が複数(they)なので,〈Do ＋主語＋動詞の原形 ～ ?〉の形。「～まで歩く」= walk to ～ (4) 主語は3人称単数。疑問詞の what「何を」を文頭に置いて, does を使った疑問文の語順を続ける。

8 be 動詞の疑問文(1)と一般動詞の疑問文(2)～(5)の答え方に注意する。 (1)「アンはオーストラリア出身の生徒ですか」 (2)「彼女(かのじょ)は学校で何を勉強しますか」 (3)「彼女は納豆が好きですか」 (4)「彼女は何が好きですか」 (5)「彼女は(彼女の)家族に毎日手紙を書きますか」

〔全訳〕 アンはオーストラリア出身です。彼女は学校で日本語を勉強しています。彼女はいつも日本料理を食べます。彼女はすしが大好きです。でも納豆は好きではありません。彼女は家族に毎日電子メールを送ります。

Step C　解答　本冊 ▶ pp. 40～41

1 (1) Does (2) Do (3) has (4) don't
　(5) doesn't (6) Have

2 (1) ア (2) イ (3) ア (4) ア

3 (1) before (2) watches (3) aunt
　(4) Japanese

4 (1) let's, not (2) he, does

5 (1) Bob doesn't study science on Monday.
　(2) Come to my house, please.
　(3) How many books does Susie have ?
　(4) Jim has bread and milk for breakfast.

6 (1) Jim goes to the park by bike.
　(2) Does Mike want any apples ?
　(3) What does Tom play in spring ?
　(4) Keiko doesn't wash her dog on Sunday.
　(5) Don't have lunch here.

7 (1) Does your mother buy milk at that store ? — No, she doesn't.
　(2) He doesn't go to the library on Sunday(s).
　(3) Let's play tennis. — Yes, let's.

解説

1 (1)(2) 一般動詞の疑問文。主語によって do と does を使い分ける。 (3) 一般動詞を入れる。主語が3人称単数(Jane)なので, has が適切。 (4) 主語がなく, 文頭に please がある。否定の命令文(禁止)にすれば意味が通る。「この自転車を使わないでください」 (5) 一般動詞の否定文。主語が3人称単数(this boy)なので doesn't が適切。 (6) Have a nice day. =「すてきな1日を」

2 (1) 主語が3人称単数(he)なので, 動詞の形は has が適切。 (2) 主語が3人称単数(Mike)なので疑問文では does を使う。 (3) 命令文なので動詞は原形の close が適切。 (4) 否定文では any を使う。not ～ any は「ひとつも～ない」という意味になる。

3 (1)(3) 対になる語。 (2) 3人称単数のときの動詞の形。語尾(び)が ch のときは, es をつける。 (4)「フランス」:「フランス語」ー「日本」:「日本語」

4 (1) A「テレビを見ましょう」
　B「いいえ, やめておきましょう」
　(2) A「あの男の子はギターをひきますか」
　B「はい, ひきます」

5 (1)「ボブは月曜日に理科を勉強しません」 (2) カンマ(,)があるので please は文末に置く。「どうぞ私の家に来てください」 (3)「スージーは本を何冊持っていますか」 (4)「ジムは朝食にパンと牛乳をとります」

6 (1) 主語が3人称単数(Jim)になるので, それにあわせて動詞の形をかえる。 (2) 主語が3人称単数(Mike)なので does を使った疑問文にする。また疑問文では some を any にすることにも注意。 (3) what「何を」を文頭に, 主語が3人称単数(Tom)なので does を使う。 (4) 主語が3人称単数(Keiko)なので doesn't を使った否定文に。 (5)「～してはいけない」は〈Don't ＋動詞の原形〉で表す。

7 (1) 3人称単数の疑問文は does で文を始める。性別に応じた代名詞 he「彼(かれ)は」, she「彼女は」で答える。 (2) 3人称単数の否定文は doesn't を動詞の前に置く。 (3)「～しましょう」は Let's の文。答え方は Yes, let's. / No, let's not. となる。

10. 代 名 詞

1 (1) Do, know, girl, her, well
(2) Do, know, those, don't, them

2 (1) ウ (2) ウ (3) ア (4) ウ (5) イ (6) イ
(7) ア, ア (8) ア, イ

3 (1) あの少年はタケシです。私は彼(かれ)とよくテ
ニスをします。 (2) 私のおばは奈良に住ん
でいます。私はときどき彼女(かのじょ)を訪ねます。

4 Do, you, know, woman, know, her,
well

5 (1) You study it. (2) They like her.
(3) We know them.
(4) She doesn't know him.
(5) He knows them.

6 (1) Your brother helps us a lot.
(2) Do they know you well ?
(3) Do her parents sometimes see him ?

7 (1) They are Ken and Yuji. Do you know
them ?
(2) She is Jane's mother. We often see her.
(3) Our teacher loves us very much.

解説

1 (1)「彼女を」は her, (2)「彼らを」は them。
●単数の代名詞の目的格：me「私を」, you「あな
たを」, him「彼を」, her「彼女を」, it「それを」
●複数の代名詞の目的格：us「私たちを」,
you「あなたたちを」, them「彼らを, 彼女たち
を, それらを」

2 (1)〜(4) 目的格(「〜を」の形)。 (5)(6)(7) 所有格
(「〜の」の形)。 (8) 1 つめは所有格, 2 つめは目
的格。「私の兄弟はいつも私を手伝ってくれます」
●単数の代名詞の所有格：my「私の」, your「あな
たの」, his「彼の」, her「彼女の」, its「それの」
●複数の代名詞の所有格：our「私たちの」,
your「あなたたちの」, their「彼らの, 彼女たち
の, それらの」

> **❗ ここに注意** (6) its は「それの」という所
> 有格の代名詞だが, it's は it is の短縮形である。
> She has a dog. **Its** name is Pochi.
> Is that a cat or a dog ? **It's** a dog.

3 (1) 2 文目の him は Takeshi のこと。with は「〜
といっしょに」の意味で, 代名詞が続くときは目的
格になる。 (2) 2 文目の her は my aunt のこと。

4 B の後半は「私は(彼女を)とてもよく知ってい
る」ということなので, 代名詞の her を忘れない
ように注意。

5 それぞれ主格(「〜は」の形)と目的格(「〜を」の
形)の代名詞に置きかえる。 (1)「あなたたち(=あ
なたとあなたのお姉さん〔妹さん〕)はそれ(=英語)
を勉強します」 (2)「彼ら(=ボブとトム)は彼女(=
その女の子)が好きです」 (3)「私たち(=ケンと私)
はそれら(=これらの英単語)を知っています」
(4)「彼女(=ジェーン)は彼(=マイク)を知りませ
ん」 (5)「彼(=ユウジ)は彼ら(=ジェーンの兄弟)
を知っています」

6 (1)「私たちを」は目的格の代名詞 us。 (2) 2 人称
の「あなた」は主格と目的格が同じ形の you を使
う。they know you で「彼らはあなたを知ってい
る」となる。 (3)「彼女」は所有格と目的格が同じ
形の her を使う。her parents で「彼女の両親」と
なる。

7 (1)「あなたたちは」= you, 「彼らを」= them
(2)「ジェーンの」= Jane's, 「彼女に」= her (3)
「私たちの」= our, 「私たちを」= us

> **❗ ここに注意** (1) 2 人称(しょう)の you は単数も複
> 数も同じ形である。
> (単数) Do you ski ? — Yes, I do.
> (複数) Do you ski ? — Yes, we do.

1 (1) She, them (2) They, her (3) I, it
(4) He, me

2 (1) our, their (2) one, them
(3) your, She's (4) me, them

3 (1) I, her (2) they, are, them
(3) Does, he, it

4 (1) She goes to school with him.
(2) Some of them are English books.
(3) Our uncle often visits us.

5 (1) Saori helps her parents every day.
(2) Bob likes them very much.
(3) Mr. Sato has〔eats〕lunch with us.

6 (1) Yes, they are.

(2) She speaks English well.

(3) It's John. 〔His name is John.〕

(4) No, she doesn't.

解説

1 (1)「ケイコはネコを 3 匹飼っています。彼女(=ケイコ)はそれら(=ネコ)が好きです」 (2)「生徒たちは山田先生が好きです。彼ら(=生徒たち)はよく彼女(=山田先生)を手伝います」 (3)「私の好きな食べ物はパンです。私はそれ(=パン)を毎日食べます」 (4)動詞が goes となっているので主語は 3 人称単数。「ケンは私の友だちの 1 人です。彼(=ケン)は私の家に来て,私と学校に行きます」

2 (1)「私たちの」= our,「彼らの」= their (2) one of ~「~のうちの 1 人〔1 つ〕」の「~の」ところには名詞の複数形,代名詞の場合は目的格(「~を」の形)が入る。したがって,本問では one of them(= many friends)となる。 (3)「あなたたちの」= your,2 文目は She is ~.「彼女は~です」の文だが,空所の数から短縮形の She's を使う。(4)「私を」= me,後半は日本語では「彼らが」となっているが動詞 like「~を好む」の後ろなので目的格の them が適切。

⚠ ここに注意 (4) 主格の代名詞は主語の位置で使い,動詞の後ろでは目的格になる。
　　× I like he.　○ I like him.「私は彼が好きだ」

3 (1) with「~といっしょに」の後ろの代名詞は目的格になる。「あなたはサオリを知っていますか」「はい,知っています。私は彼女とテニスをします」
(2)主語が複数の be 動詞の疑問文。「彼女たちがケイコとミホですか」「はい,そうです。彼女たちとスキーをしましょう」 (3)3 人称単数の一般動詞の疑問文。「ボブはあのコンピュータを使いますか」「はい,使います。彼はそれ(=コンピュータ)を毎日使います」

4 (1) with の後ろは目的格になるので,所有格の his が不要。 (2)「それらのうちの何冊か」は some of them で表す。of の後ろは目的格になるので,主格の they が不要。 (3)動詞の後ろは目的格になるので,主格の we が不要。

5 (1)「自分の両親」とは「彼女(=サオリ)の両親」なので,her parents となる。 (2)「彼女たちのことが」という日本語だが,動詞 like の後ろに入る

ので目的格の them が入る。 (3) with「~といっしょに」の後ろは目的格の us が入る。

6 (1)「ユミとジェーンは友だちですか」 (2)「ユミは何を上手に話しますか」 (3)「彼女のイヌの名前は何ですか」 (4)「ジェーンは毎日ジョンを散歩に連れて行きますか」

〔全訳〕 ユミは私の友だちの 1 人です。彼女は英語を一生懸命勉強して,上手に話します。彼女はすてきなイヌを飼っています。名前はジョンです。彼はとてもりこうなイヌです。ユミは毎日彼を散歩に連れて行きます。

11. Who ～？ / Whose ～？

Step A 　**解答**　　　本冊 ▶ pp.46～47

1 (1) this, friend, she, She's
(2) Who, that, She　(3) Are, these, rackets
(4) Who, are, those

2 Whose, Jane's, Is, her, is, not, Whose, mine

3 (1) Is Mr. Suzuki from Osaka ?
— No, he is not〔isn't〕.
(2) Who is that boy ?
(3) Whose book is this ?
(4) Who are these doctors ?
(5) Your sister's bike is nice.

4 (1) yours　(2) Jim's　(3) tall　(4) cap, this

5 (1) Whose is this new computer ?
(2) It is our teacher's.
(3) Who is that girl ?
(4) She is my classmate.

6 (1) Whose house is this ?
(2) It's ours.
(3) Who is that tall man ?
(4) He is my uncle.
(5) Who are these students ?
(6) They are my classmates.

解説

1 (1)3 人称単数の be 動詞(is)の疑問文。this girl「この女の子」は答えの文では she を使う。最後は She is ~.「彼女は~です」の文になるが,空所の数から短縮形の She's を使う。 (2) Who is ~ ?「~はだれですか」には,yes や no で答えない。 (3) be 動詞の疑問文。主語が複数(these)なので,be 動詞は are を使う。 (4) who を伴う be 動詞の疑問

文。主語が複数(those teachers)なので，be動詞はareを使う。

2 〈whose＋名詞〉で「だれの～」，whose「だれのもの」と区別して覚えよう。
- Whose camera is this？「これはだれのカメラですか」
- Whose is this camera？「このカメラはだれのものですか」
  また，直後に名詞がくるときは「～の」を表す形，直後に名詞がこないときは「～のもの」を表す形を置く。
- my「私の」— mine「私のもの」，her「彼女の」— hers「彼女のもの」
- 〈名前＋'s〉は「～の」または「～のもの」の両方を表す。Jane's camera「ジェーンのカメラ」— Jane's「ジェーンのもの」

3 (1) be動詞(is)を主語の前に出す。Mr. Suzukiは答えの文ではheを使う。 (2)「～はだれですか」とたずねるときはWho is ～ ? を使う。 (3)「だれの～」とたずねるときは〈Whose＋名詞 ～ ?〉を使う。Whose is this book？「この本はだれのものですか」としても同じ内容を表すことができる。(4) these「これらの」と複数を示す語になるので，主語にあたる名詞(doctor → doctors)とbe動詞(is → are)も変化する。 (5)「あなたのお姉さんの」＝ your sister's

4 (1)「これはあなたの(your)カメラです」→「このカメラはあなたのもの(yours)です」 (2)〈名前＋'s〉は「～の」または「～のもの」の両方を表す。「あれはジムの(Jim's)自転車です」→「あの自転車はジムのもの(Jim's)です」 (3)「あちらは背の高い男性です」→「あの男性は背が高いです」 (4)「この帽子はだれのもの(whose)ですか」→「これはだれの帽子(whose cap)ですか」

5 (1) computerが文末に与えられているので，whose「だれのもの」を単独で使う。「この新しいコンピュータはだれのものですか」 (2)「それは私たちの先生のものです」 (3)「あの女の子はだれですか」 (4)「彼女は私のクラスメートです」

6 (1)「だれの家」＝ whose house (2) itを使って答える。「私たちのもの」＝ ours (3) whoの疑問文。「背の高い」＝ tall (4) heを使って答える。「おじ」＝ uncle (5) whoの疑問文だが，主語が複数(these students「この生徒たち」)なのでbe動詞はareを使う。 (6) they「彼らは」を使う。述部の名詞もmy classmatesと複数形になることに注意。

┌─ **Step B** ── **解答** ──────── 本冊 ▶ pp. 48～p.49 ─┐

1 (1)ウ (2)イ (3)ウ

2 (1)イ (2)ウ

3 (1)カ (2)エ (3)ア (4)ウ (5)イ

4 (1) Who, He's, tall
(2) his, brother's, it, is, theirs

5 (1)① これはだれの写真〔絵〕ですか。
② この写真〔絵〕はだれのものですか。
(2)① これらは彼のノートですか。
② これらのノートは彼のものですか。

6 (1) Whose is this album？
(2) Who are those boys？
(3) Is this tall boy a student from China？
— No, he isn't.
(4) These are red flowers.
(5) That is an old dictionary.

7 (1) Who is this little〔short〕boy？
— He is Takeshi. He is my brother.
(2) Whose eraser is this？ — It is mine.

8 A：Who are those girls？
B：They are good tennis players.

解説

1 (1)ウは[u]，他は[ou] (2)イは[ei]，他は[æ]
(3)ウは[θ](にごらない音)，他は[ð](にごる音)

2 たずねられていることに対して答えの中心となる部分を強く読む。(1)「だれの」(whose)と問われているので，「私の」(my)を強調する。 (2)「だれ」(who)と問われているので，「メアリー」(Mary)という名前の部分を強調する。

3 (1) baseball playersと複数形なので，この文のyouは「あなたたちは」である。答えの文の主語は

we「私たちは」になる。　(2) whose「だれのもの」なので，所有者を答える。　(3) how many bats「何本のバット」なので，数を答える。　(4) who「だれ」なので，名前や職業などを答える。　(5) what「何を」なので，play「する」の目的語になることを具体的に答える。

4 (1)「だれ」とたずねるときは who で文を始める。最後は He is 〜.「彼（かれ）は〜です」の文になるが，空所の数から短縮形の He's を使う。「背の高い」= tall (2)「彼のお兄さんの〜」は his brother's 〜 となる。「彼らのもの」= theirs

> **ここに注意**　(2)「〜と…の」は〜 and ...'s の形。〔例〕「ディックとジムの」= Dick and Jim's

5 (1)〈whose ＋名詞〉「だれの〜」，whose「だれのもの」　(2) his は「彼の」（所有格）と「彼のもの」（所有代名詞）の2通りの使い方がある。

> **ここに注意**　(2) his のあとに名詞が続けば「彼の〜」，名詞がなければ「彼のもの」と訳す。

6 (1) Tomoko's「トモコのもの」を whose「だれのもの」に置きかえて疑問文をつくる。また Whose album is this？としても同じ内容を表すことができる。　(2) my classmates「私の同級生たち」を who「だれ」に置きかえて疑問文をつくる。　(3)主語が3人称単数の be 動詞の疑問文なので，is を主語の前に置き，is / isn't を使って答える。答えの文の主語は he を使う。　(4) This「これ」を These「これら」にするので，それに応じて be 動詞をかえて(is → are)，続く名詞も複数形(flowers)にする。また，複数になるので「1つの」を示す冠（かん）詞（し）の a / an は不要になる。　(5)形容詞(old「古い」)だけのときは冠詞はつかないが，〈形容詞＋名詞〉が単数(old dictionary「古い辞書」)の場合，a / an などが必要になる。

7 (1)「〜はだれですか」は Who is 〜？で表す。　(2)「だれの〜」は〈whose ＋名詞〉で表す。また Whose is this eraser？「この消しゴムはだれのものですか」としても同じ内容になる。

8 「〜たちはだれですか」は Who are 〜？で表す。答えの文の主語は they「彼ら，彼女（かのじょ）ら，それら」を使う。複数の they は性別，人と物を問わない。

---

12. Where 〜 ？ / Which 〜 ？

本冊 ▶ pp. 50〜51

Step A　　解答

1 (1) Where　(2) Which　(3) What　(4) Who
　(5) Where　(6) Which

2 (1) Which, This, one
　(2) Which, or, wants, apple
　(3) Where, in, Sapporo
　(4) Where, buys, at〔in〕

3 (1)オ　(2)エ　(3)ア　(4)ウ　(5)イ

4 (1)どちらの自転車がトムのものですか。
　　　― あの白いほうです。
　(2)あなたはどこ出身ですか。
　　　― 私は横浜（よこはま）出身です。

5 (1) Which bag is hers？
　(2) The blue one is.
　(3) Where do you have lunch, Jane？
　(4) We have it at the school cafeteria.

6 (1) Where is Kenji now？
　(2) He is in Fukuoka.
　(3) Which do you play, tennis or baseball？

解説

1 (1) live「住む」の具体的な場所の情報がない。「あなたはどこに住んでいますか」　(2) A or B「A それとも B」がヒントになる。「コーヒーと紅茶では，あなたはどちらがほしいですか」　(3) study「勉強する」の後ろに場所の情報はあるが，学習内容の情報がない。「あなたはそこで何を勉強しますか」　(4)「あの男の子はだれですか」「彼はマイクです」　(5)「ジェーンはどこにいますか」「彼女は公園にいます」　(6) This one = This notebook　この one は名詞の反復をさけるために使われる。「どちらがあなたのノートですか」「こちらのほうです」

> **ここに注意**　(6)の Which is 〜？のような疑問詞が主語の疑問文に対する返答では，省略をして〈主語＋ is.〉の形を用いることができる。

2 (1) A「こちらとあちらの，どちらがあなたの帽子（ぼうし）ですか」B「こちらのほうです」，this one, that one の one は cap を指す。　(2) A「りんごとオレンジでは，ジムはどちらをほしがっていますか」B「りんごをほしがっています」　(3) A「あなたはどこに住んでいますか」B「札幌（さっぽろ）に住んでいます」，答

えの文では前置詞の in が必要。live in ～「～に住む」 (4) A「あなたのお母さんはどこで牛乳を買いますか」B「スーパーマーケットで買います」，答えの文では前置詞の at〔in〕が必要。at〔in〕the supermarket「スーパーマーケットで」

❶ ここに注意 (3)(4) 場所を表す表現では前置詞(in や at など)を忘れないように。
× I live Kyoto.　　〇 I live in Kyoto.

4 (1)〈which ＋名詞〉「どちらの～」 (2)〈Where ＋ be 動詞＋主語＋ from ?〉は「～はどこ出身ですか」の意味。

5 (1)「どちらの…が～ですか」は〈Which ＋名詞＋ is ～ ?〉で表す。 (2)〈主語＋ is.〉が応答の形。The blue one は The blue bag のこと。 (3)「どこで～しますか」は Where のあとに一般動詞の疑問文を続ける。 (4)「学校のカフェテリアで」= at the school cafeteria

6 (1)「～はどこにいますか」=〈Where ＋ be 動詞＋主語 ?〉で表す。 (2)「～にいる」は〈be 動詞＋ in ＋場所〉となる。 (3)「ＡそれともＢ」はＡ or Ｂの形。which の文の後，カンマ(,)で区切ることに注意。

Step B 解答　　本冊 ▶ pp. 52～53

1 (1) Where, swim, in
(2) Which, or, football
(3) Where, am, from

2 (1) あの動物はネコですか，それともイヌですか。— それはイヌです。
(2) どちらのコンピュータがジャックのものですか。— その新しいほうです。
(3) あなたたちは冬にどこでスキーをしますか。— 私たちは北海道でスキーをします。

3 (1) Where, do, go, summer, go, to
(2) Which, is, to, is
(3) What, buy, at〔in〕, buy, there

4 Which, is, Washington, D.C.

5 (1) Where do Ann's sisters live ?
(2) Where do you go on Saturday afternoon ?
(3) Which camera is yours ?
(4) Which do you study, math or science ?

6 (1) Where do you practice the guitar ?
(2) Which do you have, coffee or tea ?

7 (1) Which bike is hers ?
(2) The red one is.
(3) Where do you have〔eat〕 dinner on Sunday(s) ?
(4) We have〔eat〕 it at that restaurant.

解説
1 (1)「あなたたちはどこで泳ぎますか」「川で泳ぎます」，答えの文で the river「川」という場所の情報が追加されている。 (2)「あなたたちは秋に野球とフットボールのどちらをしますか」「私たちはフットボールをします」，baseball or football を選択する形がヒントになっている。 (3)「あなたはどこ出身ですか」「私はシドニー出身です」，答えの文でSydney という場所の情報が追加されている。

2 (1) 疑問詞 which を使わない選択の表現もある。 (2)〈which ＋名詞〉「どちらの～」，〈名前＋ 's〉は後ろに名詞がないので「～のもの」の意味。 (3) where「どこで」，in winter「冬に」

❶ ここに注意 (3)〈in ＋季節名〉で「～(季節)に」を表す。spring, summer, fall, winter をすべて正確に覚えておこう。

3 (1)「夏に」= in summer，「～へ行く」= go to ～ (2)「どちらが～ですか」は Which is ～ ? で表し，〈主語＋ is.〉が応答の形になる。「～への道」= way to ～ (3)「何を」なので what の文。

4 2つの都市からの選択なので which を使った「どちらがアメリカの首都ですか」とたずねる文になる。地図から，Washington, D.C. が首都(capital)と答える。

5 (1)(2)「カナダに」と「公園に」を where「どこに」に置きかえる。 (3)「どちらがあなたのカメラ(your camera)ですか」→「どちらのカメラがあなたのもの(yours)ですか」 (4)2つの教科からの選択になるので，疑問詞の what も which にかわることに注意。「あなたは何を勉強しますか」→「あなたは数学と理科のどちらを勉強しますか」

6 (1) where は「どこに，どこへ」という意味で，ふつうすでに in や to などの意味を含んでいる。したがって，in が不要。 (2) which を使った一般動詞の疑問文。coffee or tea の部分はカンマ(,)で区切る。

7 (1)(2)「どちらの…が～ですか」は〈Which ＋名詞

＋ is 〜 ?〉で表し，〈主語＋ is.〉が応答の形。「彼女のもの」＝ hers，「その赤いほう」＝ the red one（かのじょ）（＝ bike）　(3) where の後ろに一般動詞の疑問文を続ける。　(4) 応答の文なので，省略されている表現をしっかり読み取り，「私たちはそれ（＝夕食）をあのレストランでとります」という文に。

Step C　解答　　本冊 ▶ pp.54〜55

1 (1) ↗　(2) ↘　(3) ↘　(4) ↘　(5) ↗

2 (1) イ　(2) イ　(3) ウ　(4) ウ　(5) ウ

3 (1) ウ　(2) ア　(3) ウ　(4) イ

4 (1) That house is my aunt's.
(2) Who are those girls ?
(3) Where do your brothers live ?
(4) Whose is this red hat ?
(5) This is an English dictionary.

5 (1) あなたは春にテニスか野球のどちらをしますか。
(2) これはだれのカメラですか。
　　— それは私のものです。
(3) あの少年たちはマイクとトムです。
　　私はいつも彼らと学校に行きます。（かれ）

6 (1) Who is that tall woman ?
(2) Where do you study English after school ?
(3) Please come here and help us.
　　〔Come here and help us, please.〕

解説

1 (1) 疑問文は上げ調子で読む。(2)(3) 疑問詞で始まる疑問文は文の終わりを下げ調子で読む。　(4) 命令文は下げ調子で読む。　(5) 相手に呼びかける場合は上げ調子で読む。

2 (1)「あなたはどこ出身ですか」　(2) 主語が複数なので，be 動詞は are。「あの少年たちは私のクラスメートです」　(3) 動詞(know)の後ろは目的格(「〜を」の形)になる。「こちらはトムです。私は彼のことをとてもよく知っています」　(4)「あれはだれのラジオですか」　(5) 所有代名詞の hers「彼女のもの」が適切。she's は she is の短縮形，her は「彼女の」(所有格)または「彼女を」(目的格)を表す。

3 (1) who で始まる疑問文には yes，no では答えない。「この少年たちはだれですか」　(2) 所有者をたずねている。「この車はだれのものですか」　(3)「彼ら」も「彼女たち」も they を使う。「この少女たちはどこの出身ですか」　(4) Which 〜 is ... ? の

ような疑問詞が主語に含まれる疑問文には，〈主語（ふく）＋ is.〉という答え方をする。「どちらの自転車があなたのものですか」

4 (1)「あれは私のおばの家です」→「あの家は私のおばのものです」　(2)「ユキとマリ」を who「だれ」に置きかえて疑問文をつくる。　(3)「北海道に」を where「どこに」に置きかえて疑問文をつくる。(4)「サユリのもの」を whose「だれのもの」に置きかえて疑問文をつくる。Whose red hat is this ? としても同じ内容になる。　(5) 名詞も単数形になり，冠詞が必要になる。English dictionary「英語の辞（かんし）書」は母音で始まるので an をつける。

> 🛡 **ここに注意**　(5) English dictionary のように，名詞の前に形容詞がある場合，形容詞の発音によって a，an を使い分ける。

5 (1) Which do you 〜 ?「どちらを〜しますか」(2)〈Whose ＋名詞 〜 ?〉「〜はだれの…ですか」，mine「私のもの」　(3) always「いつも」，with「〜といっしょに」

6 (1) who の疑問文。「背の高い」＝ tall，「女性」＝ woman　(2) where の疑問文。「放課後」＝ after school　(3) 命令文に please がつくと「〜してください」というていねいな言い方になる。please を後ろに置く場合は，カンマ(,)で区切る。「ここへ，ここに」＝ here，「私たちを」＝ us

13.　What time 〜 ? / When 〜 ?

Step A　解答　　本冊 ▶ pp.56〜57

1 (1) 11 時　(2) 7 時 30 分　(3) 3 時 45 分
(4) 4 時 15 分

2 (1) What　(2) It's　(3) When　(4) When
(5) Where

3 (1) あなたは理科をいつ勉強しますか。
　　— 私は月曜日に勉強します。
(2) 今何時ですか。— 2 時 25 分です。
(3) あなたは何時に寝ますか。（ね）
　　— 私は 11 時に寝ます。

4 (1) me, time, it, It's, three
(2) When, do, watch, after

5 (1) What time is it now ?
(2) When do you read books ?
(3) It's four twenty-five by my watch.

6 (1) What, do, usually, at

(2) When, does, practices, before

7 (1) What time is it in Paris?

(2) It's nine forty in the evening.

(3) When do you play tennis?

(4) I play it on Tuesday(s).

解説

1 数字は英語で言えるだけでなく，英語のつづりで書けるように練習しておこう。

2 (1) 時刻は what time「何時」を使って問う。「今何時ですか」「9 時です」 (2) 現在の時刻は It's〔It is〕を使って答える。Its「それの」は it「それ」の所有格。「ニューヨークでは何時ですか」「午前 3 時です」 (3)(4) 答えの文で時の情報（「土曜日に」「放課後に」）が与えられているので，when「いつ」が適切。 (5) 答えの文で場所の情報（「スーパーマーケットで」）が与えられているので where「どこで」が適切。

3 (1) 疑問詞の when は「いつ」の意味。 (2) What time is it (now)?「（今）何時ですか」は現在の時刻を問う表現で，答えるときは It's〔It is〕～.「～です」となる。これらの表現で使われる主語の it は「それは」と訳さない。(3) what time を使った一般動詞の疑問文。「何時に～しますか」という意味。

4 (1) 知らない相手に話しかけるときは Excuse me.「すみません」と言う。現在の時刻をたずねるときは What time is it (now)?の文で，It's ～.と答える。A「すみません。今何時ですか」B「私の時計では 3 時です」

(2)「あなたはいつ～しますか」は When do you ～?で表す。「夕食のあと」は after dinner，「夕食の前」なら before dinner になる。

5 (1)「6 時」を what time「何時」に置きかえて疑問文をつくる。o'clock は「～時（ちょうど）」のときに用いる語で省略してもよい。「分」まで述べるときには使わない。 (2)「昼食後に」を when「いつ」に置きかえて疑問文をつくる。 (3)「私の時計では」= by my watch

6 (1) what time を使った一般動詞の疑問文。時刻の「～時に」は at を使って表す。「たいてい」= usually (2) when を使った一般動詞の疑問文。「～前に」= before

7 (1)「パリで」= in Paris (2) 現在の時刻を答える

ときの主語は it を使う。「夜に（の）」は in the evening，「午前に（の）」は in the morning，「午後に（の）」= in the afternoon になる。 (3) when の後ろに一般動詞の疑問文を続ける。 (4)「～曜日に」は on を使って表す。

ここに注意 (2) 4 = four，14 = fourteen，40 = forty はまちがいやすい。「40」を fourty としないように。

Step B 解答 本冊 ▶ pp.58～59

1 (1) It's one five. (2) It's three twenty-five.

(3) It's seven thirty-five.

(4) It's eleven fifty-five.

2 (1) on (2) at (3) in (4) ×, in (5) ×

3 (1) イ (2) エ (3) カ (4) オ (5) ア

4 (1) He takes a walk before breakfast.

(2) She gets up at five (o'clock).

5 (1) time, it, in, It's, eight, fifteen, morning

(2) When, do, study, On, Thursday, Saturday

6 (1) What time is it by your watch?

(2) What time does Tom's sister come home?

(3) When does Jane leave for Hawaii?

(4) Everyone is still in bed.

7 (1) What time do you get up?

(2) I usually get up (at) about seven.

(3) When does your brother leave home?

解説

1 時刻を正しく書けるようにすること。25 = twenty-five，35 = thirty-five，55 = fifty-five と書くときに，ハイフン(-)を忘れないようにする。

2 (1) 曜日の前には on をつける。 (2)「…時に～する」と言うときは，時刻の前に at をつける。 (3) 季節の前には in をつける。 (4)「（今）…時です」と言うとき，時刻の前でも前置詞は不要。「晩に」は in the evening となる。 (5) every がついて「毎週～曜日に」の場合，曜日の前でも前置詞は不要。

ここに注意 (2)「…時に～する」と言うとき，時刻の前に at をつけ忘れないように注意する。

3 (1)「あなたはいつ買い物に行きますか」 (2)「シ

ドニーでは今，何時ですか」　(3)「トムは夕食後何をしますか」　(4) Yes か No で答える文。「あなたは8時に学校に出かけますか」　(5)「あなたの学校は何時に始まりますか」という意味の文。答えの文では your school は it で受ける。

4 (1)「あなたのお父さんはいつ散歩しますか」に答える。「朝食前に」= before breakfast　(2)「あなたのお母さんは何時に起きますか」に答える。この場合の時刻の前には at が必要になる。

5 (1) 現在の時刻を問う表現なので，What time is it (now)？を使う。「サンフランシスコで」= in San Francisco，「午前に」= in the morning　(2) when を使った一般動詞の疑問文。曜日の前には on をつける。

6 (1)「何時ですか」と時刻をたずねるときは What time is it？「あなたの時計では」= by your watch　(2)「何時に～しますか」は what time で始めて，一般動詞の疑問文の語順を続ける。「家に帰る」= come home　(3)「いつ～しますか」は when で始めて，一般動詞の疑問文の語順を続ける。「～に向けて出発する」= leave for ～　(4)「寝ている(という状態)」= be in bed，主語の everyone「みんな」は単数として扱うので，be 動詞は is になっている。still「まだ」は be 動詞の直後。

7 (1)「あなたは何時に～しますか」は What time do you ～？という文にする。　(2)「たいてい」の意味の usually はふつう，一般動詞の前に置く。「7時ごろ」は (at) about seven で表す。　(3) 主語が your brother なので，does を使う。「家を出る」= leave home

> **⚠ ここに注意**　(2)「～ごろに」と言うときは，時刻の前に at をつけてもつけなくてもよい。「7時ごろに」は at about seven でも about seven だけでも可。

14. What day is it？ / What's the date？

Step A　解答　本冊 ▶ pp.60～61

1 (1) January　(2) March　(3) April　(4) May
(5) July　(6) September　(7) November
(8) December

2 (1) Tuesday　(2) Wednesday
(3) Thursday　(4) Friday　(5) Sunday

3 (1) When, birthday, It, March

(2) What, week, it, It, Wednesday
(3) What, of, month, it, It, June
(4) What, is, It, October

4 (1) ウ　(2) エ　(3) ア　(4) イ

5 (1) January, 2　(2) Thursday
(3) May, 17

6 (1) 春は3か月あります：3月，4月，5月です。
(2) 私の誕生日は9月20日です。
(3) 今日は何曜日ですか。— 金曜日です。

7 (1) What's the date today？
(2) Christmas is December 25.
(3) Do you have a party on your birthday？

解説

1 月の名前を正確に書けるようにしよう。

2 曜日の名前を正確に書けるようにしよう。

3 (1)「～はいつですか」とたずねるときは When is ～？を使う。「～月…日です」は〈It's〔It is〕＋月＋日.〉で答える。この場合，月日の前に前置詞は不要。　(2)「今日は何曜日ですか」と曜日をたずねるときは，What day of the week is it today？で表す。week は「週」という意味。簡単に What day is it today？で表すこともできる。「～曜日です」と答えるときは〈It's〔It is〕＋曜日名.〉の形。　(3)「今日は何日ですか」と日付をたずねるときは，What day of the month is it today？で表す。month は「(1年の)月」という意味。「～月…日です」は〈It's〔It is〕＋月＋日.〉で答える。　(4)「今日は何日ですか」は，What is〔What's〕the date today？で表すこともできる。date は「日付」という意味。

> **⚠ ここに注意**　日付のたずね方と，曜日のたずね方を混同しないように，何度もくり返し声に出して読んで覚えるようにする。

4 (1) 曜日をたずねる言い方。ウ「金曜日です」が適切。　(2)「クミの誕生日はいつですか」に答える。エ「9月20日です」が適切。　(3)「ジェーンは何を持っていますか」に答える。ア「誕生日ケーキを持っています」が適切。　(4) 時刻をたずねる言い方。イ「12時5分です」が適切。

5 (1)「今日は何日ですか」の意味。January 2 は January (the) second と読む。　(2)「今日は何曜日ですか」の意味。　(3)「今日は何日ですか」の意

味。17の序数（序を表す言い方）は seventeenth「17番目の」になる。

> ⚠ **ここに注意** (1)(3) December 1 は December (the) first と読む。first は「1番目の」, second は「2番目の」, third は 3番目の」という意味で,「順序」を表す言い方。以下, fourth「4番目の」, fifth「5番目の」という形で, ふつう数字の語尾に th をつける。

6 (1) この文の has は「～がある」という意味。月の名前は正確に言えるようにしておく。 (2) September「9月」, 20の序数は twentieth「20番目の」となるので注意。 (3) 曜日をたずねるときは What day of the week is it today ? または What day is it today ? で表す。

7 (1) What's the date today ? = What day of the month is it today ?「何日ですか」は両方とも書けるようにしよう。
(2) 25の序数は twenty-fifth「25番目の」となる。
(3)「パーティーを開く」= have a party,「あなたの誕生日に」= on your birthday

Step B 解答 本冊 ▶ pp. 62～63

1 (1) ア (2) ア (3) イ (4) イ (5) イ (6) ア
2 (1) by (2) in (3) to, × (4) ×, with, on
(5) at (6) for (7) to
3 (1) first, week, Monday
(2) second, month, year, February
(3) August, eighth, month
(4) December, last, month, year
(5) year, four, seasons, summer, winter
(6) Spring, first, season, year
4 (1) When, is, birthday, Today, is, birthday
(2) third, It, March
5 (1) ジェーン, 私の誕生日パーティーに来てください。
(2) 私たちの学校では10月に運動会はありません。
6 (1) What day (of the week) is it today ?
(2) What's the date today ?
〔What day of the month is it today ?〕
(3) What time is it now ?
(4) How many months does spring have ?

(5) What time do you go to bed ?
7 (1) When is your brother's birthday ?
— It's June 30.
(2) What time is it now by your watch ?
(3) It's summer in Australia now.

解説
1 月の名前を正確に発音できるようにしよう。
2 (1) by my watch「私の時計では」 (2)「東京に」と場所を表すときは in を使う。 (3) listen to ～ で「～を聞く」となる。every morning「毎朝」には前置詞がつかない。in the morning「朝に, 午前中に」や on Sunday morning「日曜日の朝に」と区別する。 (4) go to ～ で「～へ行く」だが, there「そこへ」は to の意味を含むので, go there だけで「そこへ行く」となる。with「～といっしょに」 (5)〈at ＋時刻〉「～時に」 (6) have ～ for lunch〔breakfast, dinner〕「昼食〔朝食, 夕食〕に～を食べる」 (7) take ～ to ...「～を…に連れていく」
3 (1)(6)「最初の, 1番目の」= first (2)「2番目の」= second (3)「8番目の」= eighth (4)「最後の」= last (5) season は複数形 seasons にすることを忘れないようにする。

> ⚠ **ここに注意** (1)～(4), (6) 順序を表す語には the をつける。

4 (1)「いつ」とたずねるときは疑問詞 when を使う。「誕生日」= birthday (2)「3番目の」= third
5 (1) Please があるので,「～してください」というていねいな言い方。 (2) in October は「10月に」という意味。「～月に」と言うときは in を使う。
6 (1) 今日の曜日, (2) 日付, (3) 今の時刻をたずねる疑問文にする。 (4)「春には何か月ありますか」数をたずねる疑問文は How many を文のはじめに置く。 (5)「あなたは何時に寝ますか」
7 (2)「あなたの時計では」= by your watch (3) 日付, 時刻, 季節などを言うときの主語は it を使う。この it は「それは」とは訳さない。

15. Who uses this bike ?

Step A 解答 本冊 ▶ pp. 64～65

1 (1) だれがこの自転車に乗りますか。
— ボブです。
(2) だれがあなたのお母さんを手伝いますか。

― 私の姉妹たちです。

(3) だれがあなたのイヌを散歩に連れて行きますか。― 私です。

(4) あなたは放課後何をしますか。

　　― 私はたいていテニスをします。

(5) あなたはどんなスポーツが好きですか。

　　― 私はラグビーが好きです。

2 (1) Who　(2) opens　(3) do　(4) What
(5) Who

3 (1) Who, is, She, is
(2) Who, washes, does
(3) Who, goes, with, his, do

4 (1) Who makes good curry ?
(2) What does Emi do every Saturday morning ?
(3) Where do you play baseball ?
(4) Who are those boys ?

5 (1) What does your mother do on Sunday ?
(2) Who makes breakfast every morning ?
(3) What movies do you like ?

6 (1) Who uses the dictionary ?
(2) My brother does.
(3) What do you do after lunch ?

解説

1 (1)〜(3)「だれが〜しますか」という疑問文は，〈Who（主語）＋動詞 〜 ?〉の形。主語である疑問詞の who は 3 人称単数として扱うので，それぞれ rides, helps, takes と語尾に s がついている。ただし，答えの文〈主語＋ do〔does〕.〉「…がします」は，主語の人称に応じて do と does を使い分けるので，(1)は does，(2)(3)は do になっている。
(4) What do you do ?の 2 つ目の do は「する」という意味を表す一般動詞。疑問文にするときに使う助動詞 do〔does〕ではない。　(5)〈what ＋名詞〉は「どんな〜」という意味になる。what sport =「どんなスポーツ」

❶ ここに注意　(1)〜(3) who が主語となるときは 3 人称単数扱いなので，一般動詞には (e) s をつける。(5) what のあとに名詞が続く疑問文の形を覚えよう。（例）what subject「どんな教科」

2 (1)「だれがあなたと買い物に行きますか」　(2)主語になる who は 3 人称単数扱いなので，opens が

適切な形。　(3) この do は「する」という意味の動詞。疑問文では動詞は原形になる。　(4)〈what ＋名詞〉「どんな〜」の疑問文。「あなたはどんな教科が好きですか」　(5)「だれがあなたの学校で英語を教えますか」

3 (1)「〜はだれですか」は〈Who ＋ be 動詞 〜 ?〉の形。be 動詞は後ろの名詞（主語）に合わせる。答え方も復習しておこう。　(2)(3)「だれが〜しますか」は〈Who（主語）＋動詞 〜 ?〉の形。Who は 3 人称単数扱いになるので，動詞の語尾に s, es がつく。答えの文〈主語＋ do〔does〕.〉「…がします」は，主語の人称に応じて do と does を使い分けるので，(2) does，(3)do になる。

4 (1)「だれがおいしいカレーを作りますか」という疑問文にする。　(2)「エミは毎週土曜日の午前中は何をしますか」という疑問文にする。「する」は do を使う。　(3)「あなたはどこで野球をしますか」という疑問文にする。　(4)「あの少年たちはだれですか」という疑問文にする。

5 (1) 3 人称単数（your mother）の疑問文で使う does と「する」の意味を表す動詞 do を混同しないようにする。「日曜日に」= on Sunday　(2) 疑問詞の who が主語になる疑問文。　(3)「どんな〜」は〈what ＋名詞〉で表すことができる。

6 (1)(2) 疑問詞の who（主語）は 3 人称単数扱いなので，動詞の語尾に s をつける。答えの文〈主語＋ do〔does〕.〉は，主語が 3 人称単数（my brother）なので does を使う。　(3)「何をしますか」は what「何を」と動詞の do「する」を使った疑問文で表す。

Step B 　**解答**　本冊 ▶ pp.66〜67

1 (1) ア　(2) イ　(3) ウ　(4) ウ　(5) イ　(6) イ

2 (1) Who, cleans, does　(2) What, do, speak　(3) Who, goes, on, do
(4) What, book(s), does, likes

3 (1) オ　(2) カ　(3) エ　(4) イ　(5) ア

4 (1) ア　(2) ウ　(3) キ　(4) イ　(5) カ　(6) オ

5 (1) When do you have a sports day ?
(2) Who plays tennis with Keiko ?
(3) What is your favorite sport ?

6 (1) Which is your bike, this one or that one ?
(2) Who teaches science at your school ?
(3) What animals do you see in the cage ?

7

(1) Who comes here every morning ?

(2) What do you do on Sunday (s) ?

(3) What sport (s) does your father play ?

解説

1 (1)「あなたの家族でだれがサッカーをしますか」
(2)「あなたは夕食後，何をしますか」 (3)「どちらが
あなたのかばんですか」 (4)「私の帽子はどこです
か」 (5)「あれはだれの車ですか」 (6)「机の上に何
が見えますか」

2 (1)(3)「だれが～しますか」は〈Who(主語)＋動詞
～ ?〉の形。Who は 3 人称単数の扱いになるので，
動詞の語尾に s，es がつく。答えの文〈主語＋ do
〔does〕.〉「…がします」は，主語の人称に応じて
do と does を使い分けるので，(1) does，(3) do に
なる。また，「朝に，午前中に」は in the morning
だが，(3)のように「土曜日の朝」というときは on
Saturday morning となる。 (2)(4)「どんな～」は
〈what ＋ 名詞〉の形。「どんな言語」＝ what
language，「どんな本」＝ what book(s) となる。
(2)の they は「(ブラジルの)人々」を指す。

3 (1)「どちらがあなたの辞書ですか，これですか，
あれですか」に答える。〈Which is ～ ?〉の文の答え
方，〈主語＋ is.〉を復習しておこう。 (2)「そのコン
サートでだれがバイオリンを演奏しますか」 (3)
「あなたはイヌをどこへ散歩に連れて行きますか」
(4)「あなたはいつロンドンのおじさんを訪ねます
か」 (5)「ケンはたいてい何時に寝ますか」

4 (1)「水曜日は火曜日のあとに来ます」 (2) leave
for school「学校へ(向けて)出発する」 (3)「あなた
はジムといっしょにここで何をしますか」 (4)
before を入れて「私の父は朝食の前に散歩に行き
ます」にする。after breakfast も可能だが，(1)で
after を使わなければならない。同じ語は使えない
ので，本問では正解にならない。 (5)「どちらが駅
へ行く道ですか」 (6)「あなたはかばんの中に何を
持っていますか」

5 (1)「10 月に」を when「いつ」に置きかえて疑問
文をつくる。「あなたのところではいつ運動会があ
りますか」 (2)「ミホ」を who「だれ」に置きかえ
て疑問文をつくる。who が主語の文なので，plays
の s を忘れないようにする。 (3)「野球」を what
「何」に置きかえて疑問文をつくる。my が your に
かわることにも注意。

6 (1)「AとBでは，どちらが～ですか」は〈Which is
～, A or B ?〉の 形。this one，that one の one は
bike を指す。(2)「だれが～しますか」は〈Who(主
語)＋動詞 ～ ?〉の形。 (3)「どんな～」は〈what ＋
名詞〉の形。「おりの中にどんな動物が見えますか」
と考えて文を組み立てる。

> **⚠ ここに注意** (1) 前に出た名詞のくり返し
> をさけるために，one を使う。ここでは this one
> ＝ this bike，that one ＝ that bike。

7 (1) comes の s を忘れないようにする。「毎朝」＝
every morning (2) この疑問文に答えるときは，I
play the piano. や I clean my room. などいろい
ろな動詞で答えることができる。このような場合は，
動詞の do「する」を使った疑問文にする。 (3)「ど
んなスポーツ」＝ what sport は複数形にしてもよ
い。「スポーツをする」は動詞 play を使う。

16. How old ～ ?

Step A 〔解答〕 本冊 ▶ pp.68～69

1 (1) エ (2) ウ (3) オ (4) ア

2 (1) How (2) What (3) Whose (4) How
(5) Who (6) What

3 (1) How, you, I'm, thank
(2) How, long, long
(3) How, old, forty-four, years, old

4 (1) How, tall, It's, one, hundred,
meters (2) How, old, eighteen, years

5 (1) How much is this book ?
(2) Our school is twenty years old.
(3) How is the weather in London ?

6 (1) How is your brother ?
(2) How tall are you ? — I'm one hundred and
seventy centimeters 〔170 cm〕 tall.
(3) How old are you ? — I'm thirteen (years
old).

解説

1 (1) How old ～ ?は年齢や古さをたずねる表現。～
year(s) old「～歳」を使って答える。 (2) How
tall ～ ?は身長や木などの高さをたずねる表現。～
centimeter(s)〔meter(s)〕 tall「～センチ〔メート
ル〕 (の高さ)」などを使って答える。「165 cm」は
one meter (and) sixty-five centimeters と読む。

(3) もともと how は「どのような〔に〕」という意味。How is ～ ? で状態や気分などをたずねる表現になる。「あなたのお父さんはいかがお過ごしですか」 (4)「あの少年はだれですか」

2 (1) how many は数をたずねる表現。「あなたはりんごをいくつほしいですか」 (2) what time は時刻をたずねる表現。「あなたは何時に昼食を食べますか」 (3)〈whose + 名詞〉は「だれの～」の意味。「あの背の高い男性はだれのお父さんですか」 (4)「ディックのお兄さん〔弟さん〕の身長はどれくらいですか」 (5)「木の下にいる少年はだれですか」who は「だれ」とたずねるときに使う。 (6)「今日は何曜日ですか」

3 (1)「お元気ですか」= How are you ? 「元気です，ありがとう。あなたはどうですか」= I'm fine, thank you. And you ? は，あいさつで使う。 (2) 長さをたずねるときは How long ～ ? を使う。～ meter(s) long「～メートル(の長さ)」と答える。(3) 年齢をたずねるときは How old ～ ? を使う。21 以上の数字の書き方(ハイフンの使用)や 4(four)と 40(forty)などのつづりも復習しておこう。

> **⚠ ここに注意** 年齢(how **old**)，高さ(how **tall**)，長さ(how **long**)などに答えるとき，～ year(s) **old**，～ centimeter(s) **tall**，～ meter(s) **long** のように単位のあとに形容詞がつく(会話では省略されることもある)。

4 (1) 建物などの高さをたずねるときは how tall を使う(高層建築物の場合，how high も可能だが，答えの文で tall を使っているので，ここでの正解は tall になる)。「100 メートル」は one hundred meters で表す。hundred には s はつかない。「あの建物はどれくらいの高さですか」「約 100 メートルです」 (2)「あなたのお姉さん〔妹さん〕は何歳ですか」「(彼女は)18 歳です」

5 (1) 値段をたずねるときは how much を使う。この表現には yen「円」，dollar(s)「ドル」，euro(s)「ユーロ」などの単位で答える。 (2)「私たちの学校は創立 20 年です」→「私たちの学校は 20 歳です」と考える。 (3) 単独で使う how は「どのような〔に〕」という意味。How is the weather ? で天気の状態をたずねることになる。

6 (1) 状態や気分は単独の how と be 動詞の疑問文を使ってたずねる。 (2) 背の高さは how tall を使

う。 (3) 年齢は how old を使う。「13 歳」= thirteen (years old)

1 (1) ア (2) ア (3) ア (4) ア

2 (1) winter (2) evening〔afternoon〕
(3) third

3 (1) オ (2) イ (3) エ (4) ウ (5) ア (6) カ

4 (1) How, store〔shop〕, by, train
(2) How, much, hundred

5 (1) あなたは毎日英語をどれくらい勉強しますか。— そうですね，1 時間くらいです。
(2) オーストラリアでは 12 月の天気はどうですか。— 暑いです。

6 (1) How much is the hamburger ?
(2) How old is your brother ?
(3) How tall is the tower ?
(4) How does Emi go to the library ?
(5) How long does Tom's sister play the piano every day ?

7 (1) How old is that building ?
(2) It's about forty years old.
(3) I'm one meter and sixty centimeters tall.

8 (1) How old is your English teacher ?
— He〔She〕is thirty-eight (years old).
(2) How does Jane go to school ?

解説

1 アクセントだけでなく，下線部の発音にも注意しよう。 (1) bu<u>i</u>lding[i(イ)]と発音する。 (2) m<u>e</u>ter[iː(イー)]と発音する。英語では「メートル」と発音しない。 (3)(4) h<u>u</u>ndred, <u>u</u>nder「ʌ(ア)」と発音する。

2 (1) 対応する季節を答える。春と秋，夏と冬の関係。 (2) day には「日中，昼」という意味がある。したがって，night「夜」とは対の関係になる。morning「朝，午前」⇔ evening「晩」または afternoon「午後」 (3) 数字(one「1」)と序数(first「1 番目の」)の関係。序数は second, third, forth, fifth ... となる。

3 (1) how high は山などの高さをたずねる言い方。「あの山はどれくらいの高さですか」 (2)〈how + 一般動詞の疑問文〉は「どのようにして」と方法をたずねる言い方。「あなたは学校へどのようにして来ますか」 (3) how much は値段をたずねる言い方。

29

「そのかばんはいくらですか」 (4)〈how long ＋一般動詞の疑問文〉は「どれくらいの間」という時間や期間をたずねる言い方。「あなたは毎日どれくらいテレビを見ますか」 (5)〈how ＋ be 動詞の疑問文〉は状態や気分などをたずねる言い方。天候を表すときの主語は it で，It's cool〔warm，cloudy〕.「涼しい〔暖かい，曇り〕です」などになる。 (6) how old は年齢や古さをたずねる言い方。「あなたの学校はどれくらい古いですか」

4 (1)「どうやって」は how を使う。「電車で」＝ by train，「バスで」＝ by bus のように交通手段を表すときは，名詞の前に by をつける。 (2) 値段をたずねるときは how much を使う。

> ❶ **ここに注意** (2) hundred には複数形の s はつけない。two hundreds and thirty yen とはしないようにする。

5 (1) この how long は時間の長さをたずねている。well は「ええと，さて」などの意味。 (2) この how は天気の状態を表している。答えの文の主語の it は「それは」と訳さない。

6 (1) how much を使ってハンバーガーの値段をたずねる文にする。 (2) how old を使って相手の兄弟の年齢をたずねる文にする。 (3) 120 meters tall となっているので，how tall を使って高さをたずねる文にする。 (4) by bike は「自転車で」の意味。交通手段は how を使ってたずねる。 (5) how long を使って時間の長さをたずねる文にする。

7 (1) どのくらい古いかは how old を使う。tall「(背などが)高い」が不要。 (2)「建物が約 40 歳」と考える。before「～前に」が不要。 (3) 背の高さは tall を使う。木や建物には high「高い」も可能だが，人間や動物には用いない。high が不要。

8 (1)「38 歳」＝ thirty-eight (years old) (2)「どのようにして」は how を単独で使う。

Step C **解答** 本冊 ▶ pp.72～73

1 (1) after (2) at (3) in (4) at
2 (1) イ (2) ア (3) イ (4) ウ
3 (1) ウ (2) エ (3) イ (4) ア (5) オ
4 (1) 私は音楽が好きです。あなたはどうですか。
　(2) ケンは日曜日の午後に何をしますか。
5 (1) What day is it today ?

(2) What time does Bob take a bath ?
(3) How is your grandfather ?
6 (1) What's the date today ?
　〔What day of the month is it today ?〕
(2) How tall is Betty ?
(3) How do you go to school ?
7 (1) Who speaks French well ? — Mari does.
(2) What time is it now by your watch ?
　— It's ten thirty-five.
8 (1) When is your birthday ?
(2) How old are you ?
(3) What sport(s) do you like ?

> 解説

1 基本的に時や場所を表す語句の前で区切ることが多い。 (1) 時を表す語句(after school「放課後」)の前で区切る。 (2) 場所を表す語句(at school「学校で」)の前で区切る。 (3) 時を表す語句(in the evening「晩に」)の前で区切る。 (4) 時を表す語句(at seven thirty「7 時 30 分に」)の前で区切る。

2 (1) live in ～ で「～に住む」の意味になる。 (2) 時刻には at をつける。 (3)「ピアノを」(what「何を」)，「部屋で」(where「どこで」)という情報はすでにある。when「いつ」の情報がない。 (4) who「だれが」が主語のとき，3 人称単数の扱いになるので uses が適切。「だれがこの自転車を使いますか」 is では文の意味が通らない。

3 (1)「この T シャツはいくらですか」 (2)「今，何時ですか」 (3)「あなたのお母さんは何歳ですか」 (4)「あなたはどのようにしてスタジアムへ行きますか」 (5)「今日は何日ですか」

> ❶ **ここに注意** (5) 日付をたずねる言い方と，曜日をたずねる言い方を区別する。「今日は何曜日ですか」は What day (of the week) is it today ? で表す。

4 (1) How about you ?「あなたはどうですか」は会話でよく使われる表現。 (2) do は動詞で「する」の意味。「午後〔午前〕に」は，in the afternoon〔morning〕だが，「～曜日の午後〔午前〕に」では on ～ afternoon〔morning〕となることも確認すること。

5 (1) What day (of the week) is it today ? の(　)内は省略してもよい。 (2)「何時に～しますか」は

what time を文頭に置き，一般動詞の疑問文を続ける。　(3)「元気ですか」とたずねるときは how を使う。

6 (1)「今日は何日ですか」とたずねる文にする。date は「日付」の意味。what day of the month という言い方も覚えておこう。　(2) 身長をたずねるときは how tall を使う。　(3)「どのように」と手段をたずねるときは how を使う。

7 (1)「だれが～しますか」は who を主語(3人称単数扱い)にした文で表現する。動詞の語尾には s, es をつける。また，答えの文は〈主語 + do〔does〕.〉となる。　(2)「～時です(か)」と時刻を問うときや答えるときの主語は it を使う。「あなたの時計では」= by your watch

8 (1) When is ～ ?「～はいつですか」　(2) how old で年齢を問う。　(3)「どんな～」は〈what +名詞〉の形で表す。sport(s)は単数形でも複数形でもよい。

会話表現 (1)

> **解答**　　　　　　　　本冊 ▶ pp. 74～75

1 (1)エ　(2)イ　(3)ア　(4)ウ　(5)カ
2 (1)How, are, And　(2)Nice, meet
　　(3)Excuse, sorry
3 (1)ア　(2)イ　(3)ア　(4)イ
4 (1)ア　(2)ウ
5 (1)Welcome to Japan.
　　(2)Nice to meet you.
　　(3)Have a nice〔good〕 day.

> **解説**

1 (1)(3) 時間によってあいさつを使い分ける。Good morning.「おはようございます」，Good afternoon.「こんにちは」，Good evening.「こんばんは」　(2) 寝る前は Good night.「おやすみなさい」と言う。　(4) 別れるときは See you.「また会いましょう」や Good-bye.「さようなら」などと言う。(5) Hi. や Hello. は特に時間の制約はない気軽なあいさつ。

> **❗ ここに注意**　(4) See you. の後には later「後で」や soon「すぐに」などがつくこともある。

2 (1) 知り合いとあいさつする場面。「お元気ですか」

= How are you ? は相手の調子をうかがう表現。And you ? は And how are you ? を省略したもの。(2) 初対面の人があいさつしている場面。「お会いできてうれしいです」= Nice to meet you.　(3) Excuse me.「すみません〔失礼ですが〕」は話しかけるときなどに使う。I'm sorry.「ごめんなさい〔申し訳ありません〕」は謝罪するときに使う。

3 (1) Thank you. には You're welcome. と返す。A「誕生日おめでとう。これはあなたへのプレゼントです」B「まあ，どうもありがとうございます」A「どういたしまして」　(2) That's too bad. は病気やけがをした相手を気づかう表現。A「ボブ，あなたはどうかしたのですか」B「かぜをひいているのです」A「それはお気の毒に」　(3) Pardon ? は相手の言うことを聞き返すときに使う。A「今日は何か予定がありますか」B「もう一度言ってください」A「今日はひまですか」　(4) Here you are. は相手にものを渡すときに使う。A「どうか塩をとってください」B「いいですよ。はいどうぞ」

4 客「この青いシャツは少し高いですね」店員「この赤いほうはどうですか」客「とてもすてきですね。おいくらですか」店員「2,000円です」他の選択肢は，イ「天気はどうですか」，エ「お元気ですか」の意味。

5 (1)「～へようこそ」= Welcome to ～.　(2) 初対面の人に Nice to meet you.「はじめまして」と言われたら，Nice to meet you, too.「こちらこそはじめまして」と答える。　(3) have は「過ごす(= spend)」の意味にもなる。Have a nice trip.「いい旅をしてください」なども覚えておくとよい。

17. 現在進行形の肯定文・否定文

> **Step A**　**解答**　　　本冊 ▶ pp. 76～77

1 (1) cleaning　(2) washing　(3) skiing
　　(4) writing　(5) coming　(6) using
　　(7) swimming　(8) sitting　(9) cooking
2 (1) is riding　(2) playing　(3) practices
　　(4) isn't　(5) are　(6) watch　(7) knows
　　(8) is reading
3 (1)①　私は今，英語を勉強しているところです。
　　　②　私は毎日，英語を勉強します。
　　(2)①　あなたは今，テニスをしているところです。

② あなたは毎日，テニスをします。

(3) ① ジェーンは今，日本語を練習している
ところです。

② ジェーンは毎日，日本語を練習します。

4 Is, Ken, free, is, writing, to

5 (1) is, running, now

(2) I'm, reading, now　(3) does, read

(4) are, skating

6 (1) You are helping your mother in the kitchen.

(2) Jane isn't〔is not〕walking in the park now.

(3) I'm〔I am〕practicing the piano now.

(4) Ken and his friends are playing tennis.

7 (1) The〔Those〕students are having〔eating〕lunch now.

(2) I know (about) him very well.

(3) Mike isn't using his bike now.

解説

1 (1)~(3) たいていの動詞は ing をつけるだけでよい。ski(ing)は i が 2 つ続くことに注意。　(4)~(6) e で終わる動詞は e をとって ing をつける。(7)(8)〈短母音＋子音字〉で終わる動詞は，最後の子音字を 2 つ続けて ing をつける。　(9) cook は〈短母音＋子音字〉だが，look(ing)や cook(ing)など oo のつづりのときは ing をつけるだけになる。

2 (1)(2) 現在進行形は〈be 動詞＋動詞の ing 形〉の形で進行中の動作を表す。play は見た目は〈短母音＋子音字〉だが，下線部は[ei エイ]と母音を重ねて発音するので，ing をつけるだけでよい。　(3) every Saturday「毎週土曜日」とある。現在の習慣は現在形で表す。　(4)(5) 現在進行形の否定文は，be 動詞に not をつける。　(6) 現在形の文。空所の前が doesn't なので，後ろは動詞の原形になる。　(7) know「~を知っている」などのように状態を表す動詞は進行形にしない。　(8) 現在進行形を選ぶと 2 つの文がつながる。「ケンは忙しくありません。彼は部屋でマンガを読んでいます」

⚠ ここに注意

(7) have「~を持っている」，know「~を知っている」，like「~を好んでいる」，want「~がほしい」などの，継続的な状態を表す動詞は進行形にしない。

3 ① は現在進行形(進行中の動作)で，② は現在形

(現在の習慣)になっている。

4 基本的に進行形は動作を表す一般動詞の表現。A の「ひまな」＝ free は形容詞(状態を表す)なので，ing 形にすることはない。B では動詞の write(e で終わる語)を現在進行形にする。「~に手紙を書く」＝ write a letter to ~

5 (1) run は〈短母音＋子音字〉で終わる動詞なので，n を重ねて ing をつける。　(2)「~していません」という現在進行形の否定文は be 動詞のあとに not を入れて，〈be 動詞＋ not ＋動詞の ing 形〉で表す。(3)「(ふだん)読みません」は現在形で表す。　(4) 主語が複数なので，be 動詞は are を使う。skate「スケートをする」は e で終わる語。

6 (1) 現在進行形でも be 動詞は主語に合わせる。(2) 否定文は be 動詞のあとに not を入れる。　(3) practice「練習する」は e で終わる語。　(4) 主語が複数になるので，be 動詞も変化(is → are)する。

7 (1) have(e で終わる語)は「食べる」という意味では現在進行形になる。eat → eating を使ってもよい。　(2)「知っている」＝ know は継続的な状態を表す動詞なので，現在進行形にしない。　(3) 現在進行形の否定文は〈be 動詞＋ not ＋動詞の ing 形〉で表す。use「使う」は e で終わる語。

Step B　解答　本冊 ▶ pp.78~79

1 (1) イ　(2) ア　(3) イ　(4) ア　(5) イ　(6) イ
(7) ア

2 (1) writing　(2) isn't〔is not〕　(3) cleans
(4) want

3 (1) I am doing my homework now.

(2) Kate is looking at the map now.

(3) Bob isn't listening to music now.

(4) We know her very well.

4 (1) 彼女はバースデーケーキを切っているところです。

(2) 私たちは今，朝食を食べていません。

(3) ジェーンは台所で私たちを手伝っているところです。

5 (1) are, playing　(2) is, not, swimming
(3) are, watching　(4) isn't, is, reading

6 (1) Jane is speaking English now.

(2) I'm〔I am〕not going to school with Ken.

(3) My father isn't〔is not〕using a computer.

(4) Miho practices the piano every day.

(5) Bob and Jim are swimming in the sea now.
7 (1) I have a racket in my hand(s).
(2) He is talking with Jane.
(3) I'm〔I am〕not making〔cooking〕dinner now.

解説

1 (1) have は「食べる」という意味では現在進行形になる。　(2) have は「持っている」という意味では現在進行形にならない。　(3)(6) be 動詞があるので現在進行形にする。　(4) あとの動詞が原形なので，現在形の否定文。　(5) あとの動詞が ing 形なので，現在進行形の否定文。　(7) every Sunday =「毎週日曜日に」があるので，現在の習慣を表す文（現在形）にする。

ここに注意　(7) every day などのような日常的な習慣を表す語句は，現在進行形では使わないことに注意する。

2 (1) be 動詞が前にあることと文末の now から，現在進行形が正しい。write は e で終わる語。　(2) 後ろが ing 形になっているので進行形の否定文が正しい。　(3) 文末に every day がある。習慣を表す現在形が正しい。　(4) want「ほしい」は継続的な状態を表す動詞なので現在形が正しい。

3 (1)「宿題をする」= do one's homework の do は「する」という意味の一般動詞。現在進行形の文になるので，am doing 〜 とつなげる。原形の do が不要。　(2) 主語が 3 人称単数の現在進行形の文。are が不要。　(3) 現在進行形の否定文。doesn't が不要。　(4) know「知っている」は現在進行形にならない。knowing が不要。

4 (1)(3)〈be 動詞＋動詞の ing 形〉は「〜しているところです」という進行中の動作を表す。　(2) 現在進行形の否定文は「〜していません」の意味。この文の have は「食べる」の意味。

5 (1)「ケンとタクミは今，テニスをしているところです」　(2)「カヨは今，走っているところではありません。彼女は今，泳いでいます」，swim は〈短母音＋子音字〉の語。　(3)「クミとケイコは今，テレビを見ています」　(4)「ジムは今，テレビゲームをしていません。彼は今，本を読んでいます」

6 (1) 主語がかわるとそれに伴い，be 動詞もかわる。　(2) be 動詞の後ろに not を置いて否定文を作る。

(3) doesn't を isn't に置きかえる。　(4) 主語が 3 人称単数の現在形なので，動詞の語尾には s がつく。
(5) swim → swimming
7 (1)「持っている」の意味の場合，have は進行形にしない。「手に〜を持っている」= have 〜 in one's hand(s)　(2) 現在進行形。「〜と話す」= talk with 〜　(3) 現在進行形の否定文。「夕食を作る」= make〔cook〕dinner

18. 現在進行形の疑問文

Step A　**解答**　本冊 ▶ pp. 80〜81

1 (1) Is, running　(2) Are, skiing, or
(3) What, is, reading　(4) Who, is, playing
2 (1) ウ　(2) イ　(3) カ　(4) エ　(5) オ　(6) ア
3 (1) Is Keiko listening to music ?
— Yes, she is.
(2) Is Jim swimming in the sea ?
— No, he isn't.
(3) What are the girls making now ?
(4) What is Bob doing now ?
4 (1) Is, Yes, is
(2) What, are, They, watching
(3) Who, reading, Satoshi, is
(4) What, She, is, cleaning
5 ① ジェーン，あなたはどこにいますか。
② 私は台所にいます。
③ あなたは何をしていますか。
④ 私は母を手伝っています。
⑤ 私たちは大きなケーキを作っています。
6 (1) What are you doing now ?
— I'm〔I am〕doing my homework now.
(2) Is Ken using his computer ?
— No, he isn't.

解説

1 (1)「（今）〜していますか」は現在進行形の疑問文〈be 動詞＋主語＋動詞の ing 形 〜 ?〉で表す。主語の人称によって be 動詞が決まる。　(2) 現在進行形の疑問文だが，A or B の形になっている。(3)「（今）何を〜していますか」とたずねる疑問文は，what を文頭に置き，be 動詞の疑問文を続ける。　(4)「だれが〜していますか」は〈Who is ＋動詞の ing 形 〜 ?〉を使う。疑問詞 who（主語）は 3 人称単数として扱うので，be 動詞は is が適切。

2 (1)(2) 現在進行形の疑問文には，be 動詞を使って答える。(1)は Mike → he，(2)は you → I と代名詞がかわる。 (3) A or B の形なので，Yes / No ではなく，AかBのいずれかを答える。「あなたは英語を勉強していますか，それとも本を読んでいますか」 (4)「生徒たちは今，何を勉強していますか」 (5) doing は do「する」という動詞の ing 形。「ジェーンは何をしていますか」 (6) who が主語の疑問文。現在進行形では〈主語＋ be 動詞〉の形で答える。「だれがマイクと話していますか」「ジェーンです」

> **⚠ ここに注意** 現在進行形の疑問文は，be 動詞の疑問文と同様の答え方をする。

3 (1)(2) 現在進行形の疑問文は〈be 動詞＋主語＋動詞の ing 形 ～ ?〉で表し，be 動詞を使って答える。(3)(4)「何を」とたずねる疑問文は what を文頭に置き，〈be 動詞＋主語＋動詞の ing 形 ～ ?〉を続ける。

> **⚠ ここに注意** (3)(4)は what で始まる現在進行形の疑問文。下線部がどこに引かれているかを見極めるのがポイント。(3)が「何を」作っているのかを聞いているのに対して，(4)は「何をしているのか」という行動そのものをたずねている。

4 (1)「ジェーンはケーキを作っていますか」「はい，作っています」 (2)「メアリーとケイトは何をしていますか」「彼女らはテレビを見ています」 (3)〈Who is ＋動詞の ing 形 ～ ?」の疑問文は，答え方〈主語＋ be 動詞.〉に注意。「だれが本を読んでいますか」「サトシです」 (4)「ブラウンさんは何をしていますか」「彼女は部屋をそうじしています」

5 解答を参照。③ do は「する」という意味の動詞。⑤の We「私たちは」はジェーンと母親を指している。

6 現在進行形の疑問文。(1)「宿題をする」＝ do one's homework

Step B **解答** 本冊 ▶ pp. 82〜83

1 (1) take (2) studying (3) looking (4) play
(5) swimming

2 (1) Is, studying, in, isn't, is, cleaning
(2) What, is, doing, is, writing, letter
(3) Who, is, sitting, are

3 (1) He is staying in Kyoto.
(2) She is singing (a song).

(3) Bob is.
(4) No, she isn't.

4 (1) What is Susie making ?
(2) Where are they running ?
(3) Who is cooking in the kitchen now ?
(4) Tom's mother isn't 〔is not〕 driving a car.
(5) Is Miki talking with her friends in English ?
(6) What are they having for lunch ?

5 (1) What are you doing there ?
(2) Where is your sister playing the piano ?

6 (1) トムは本を読んでいますか，それとも手紙を書いていますか。
(2) あなたはだれのカメラを使っているのですか。
　― 私はおじのものを使っています。

7 (1) Who is looking at that beautiful picture ?
(2) Where is Keiko doing her homework ?

解説

1 (1)(4) Does，do が主語の前で使われているので，一般動詞の疑問文とわかる。 (2)(3)〈be 動詞＋主語の語順になっており，文末の now「今」から現在進行形の疑問文だとわかる。 (5) who が主語の現在進行形の疑問文。「今，だれが海で泳いでいるのですか」

2 (1)(2) 現在進行形の疑問文は〈be 動詞＋主語＋動詞の ing 形 ～ ?〉で表し，〈be 動詞（＋動詞の ing 形）〉を使って答える。 (3)「だれが」とたずねる疑問詞 who を使う。主語の who は 3 人称単数として扱うので，be 動詞は is が適切。答えるときは〈主語＋ be 動詞.〉の形。

3 (1)「ケンはどこに滞在しているのですか」に答える。where の文に答えるときは前置詞を忘れないように注意する。「～に滞在する」＝ stay in ～ (2)「ジェーンは今，何をしているのですか」に答える。「(歌を)歌う」＝ sing（a song） (3)「だれが公園で走っていますか」に答える。who が主語の文は答え方に注意する。 (4)「ケイコは部屋をそうじしているのですか」に答える。絵では「皿を洗う」(wash the dishes)様子が描かれている。

4 (1) a doll「人形」を what に置きかえて，疑問文をつくる。 (2) in the park「公園で」を where に置きかえて疑問文をつくる。 (3) 主語の Mika「ミ

34

力」を who に置きかえて疑問文をつくる。　(4)現在進行形の否定文は〈be 動詞＋ not ＋動詞の ing 形〉で表す。　(5)「ミキは(彼女の)友だちと英語で話をしていますか」という文にする。　(6)「彼らは昼食に何を食べているのですか」という文にする。

5 疑問詞を使った現在進行形の疑問文は〈疑問詞＋ be 動詞＋主語＋動詞の ing 形 ～ ?〉の形。

6 (1)文末が A or B「Ａですかそれともですか」という形になっている。　(2)whose「だれの」，my uncle's「私のおじの(もの)」

7 (1)は人を，(2)は場所をたずねる現在進行形の疑問文。

19. 助動詞 can の肯定文・否定文

Step A 解答　　　本冊 ▶ pp. 84～85

1 (1) can, make, well
　(2) can't〔cannot〕, ride　(3) can, speak, too
　(4) can, play, little

2 (1)私は中国語を少し話すことができます。
　(2)あなたのお姉さん〔妹さん〕のジェーンはピアノをひくことができます。
　(3)あなたは上手にサッカーができますが，私はできません。

3 (1) can't　(2) can't　(3) can　(4) can
　(5) can't

4 (1) is, player　(2) can, run

5 (1) My mother can drive a car.
　(2) My little brother can read a book.
　(3) I can't〔cannot〕 swim fast.
　(4) Ted can't〔cannot〕 use a computer.

6 (1) Mr. Brown can read Japanese a little.
　(2) I can't ski very well.
　(3) We can go to the library by bus.

7 (1) You can use the〔that〕 room.
　(2) We can't〔cannot〕 play baseball here.

解説
1 (1)can は動詞の前に置いて「～(することが)できる」という意味を表す。can のように動詞に添えて動詞の意味を補う語を助動詞という。助動詞は 3 人称単数現在のときでも形が変化しない。助動詞のあとに続く動詞は原形。My mother can make a cake ～. という文で makes とはならないことに注意する。　(2)「～(することが)できない」は動詞の

前に cannot または短縮形の can't を置く。主語が 3 人称単数でも can't のあとの動詞に(e)s はつかない。　(3)「話す」＝ speak の前に can を置く。「～もまた」＝ too　(4)play の前に can を置く。「少し」＝ a little

❗ここに注意　can は主語が 3 人称単数でも変化しない。また，can〔can't，cannot〕のあとの動詞は必ず原形になる。

2 (1)(2)〈can ＋動詞の原形〉で「～(することが)できる」の意味。can 自体も，後ろの一般動詞も主語によって形が変化しないことを確認しておこう。　(3)I can't のあとに play soccer well が省略されていると考える。

3 (1)「私は宿題がたくさんあります。今日はテレビゲームができません」　(2)「私たちはあまりお金を持っていません。私たちはその大きな家を買うことができません」　(3)「私はひまです。私はあなたを手伝うことができます」　(4)「スージーは上手に料理ができます。彼女のお姉さん〔妹さん〕も上手に料理ができます」　(5)「私は毎日野球を練習します。しかし私はそれを上手にすることができません」

4 (1)「クミはテニスを上手にすることができます」―「クミはよいテニス選手です」　(2)「ジョンは速いランナーです」―「ジョンは速く走ることができます」

❗ここに注意　動詞に er をつけると「～する人」という意味を表すことがある。
　player「プレーする人→選手」
　runner「走る人→ランナー」
　swimmer「泳ぐ人→水泳選手」
　singer「歌う人→歌手」　など

5 (1)(2)can「～(することが)できる」のあとの動詞は原形になる。それぞれ drives → drive, reads → read にかえる。　(3)(4)can の否定形は cannot または短縮形の can't になる。

6 (1)〈can ＋動詞の原形〉の語順。「少し」＝ a little　(2)〈can't ＋動詞の原形〉の語順。not ～ very well で「あまり上手ではない」の意味。　(3)「バスで」＝ by bus

7 (1)(2)can，can't〔cannot〕は動詞の前に置く。

Step B 解答　　　本冊 ▶ pp. 86〜87

1 (1)○ (2)× (3)× (4)○ (5)×

2 (1)イ (2)オ (3)エ (4)ウ (5)カ

3 (1) Bob's brother can run very fast.

(2) We can't swim in the river.

(3) You and I can ski a little.

(4) We can see many stars at night.

4 (1)彼は朝早く起きることができません。

(2)すみませんが，私はあなたを手伝えません。

(3)マイクはとても空腹です。彼はハンバーガーを3個食べることができます。

(4)私は今，そのコンピュータを使っています。あなたはそれを使用できません。

5 (1) Your sister can sing the song.

(2) Ken can't〔cannot〕 study in the room.

(3) The girl can play basketball well.

(4) John can't swim fast.

(5) Jane can see that tall building.

6 (1) I can't〔cannot〕 read this book.

(2) You can't〔cannot〕 go to school by bike.

(3) She can write a letter in English.

(4) I can skate well, but my sister can't (skate well).

解説

1 (1) [ai] (2) [i]と[ʌ] (3) [e]と[i:]

(4) [i:] (5) [ou]と[ɑ]

2 (1)「お母さんは今とても忙しい。私と話すことはできません」 (2)「ジェーンは今日，忙しくありません。私たちは彼女といっしょにテニスができます」 (3)「ケイトは毎日ピアノを練習します。しかし，それ（= the piano）を上手にひくことはできません」 (4)「ミホは毎朝英語を練習します。彼女は上手にそれ（= English）を話すことができます」 (5)「メアリーはお金をたくさん持っています。彼女はそのかばんを買うことができます」

3 (1) can のあとの動詞はいつも原形になる。runs が不要。 (2)「〜できません」は〈主語＋ can't ＋動詞 〜.〉の形。doesn't が不要。 (3) a little で「少し」の意味なので，well「上手に」が不要。 (4) see は自然に「見える」，look at は意図的に「目を向ける」の意味。ここでは see が適切。また，at night「夜に」で at を使用するので，この設問では look at という形を作れない。

4 (1) early は時期や時間が「早く」，fast は速度が「速く」の意味。 (2) I'm sorry.「すみません，ごめんなさい」 (3) hungry「空腹の」 (4) it は the computer を指す。

5 (1)(2) can，can't〔cannot〕の後ろは動詞の原形になるので，元の文の動詞を原形にすることを忘れないようにする。 (3)「その少女はよいバスケットボール選手です」→「その少女は上手にバスケットボールができます」 (4)「ジョンは速い水泳選手ではありません」→「ジョンは速く泳ぐことはできません」 (5)主語が3人称単数でも，can の形はかわらない。動詞にも(e)s はつかない。

> 🛡 **ここに注意** 書きかえ問題では，can のあとの動詞は必ず原形にすることを忘れないようにする。

6 (1)(2)「〜できません」は can't のあとに動詞の原形を続ける。 (3)「〜できます」は can のあとに動詞の原形を続ける。「英語で」= in English (4)後半は my sister can't だけでよい。

20. 助動詞 can の疑問文

Step A 解答　　　本冊 ▶ pp. 88〜89

1 (1)オ (2)ウ (3)エ (4)カ (5)イ

2 (1) she, can

(2) he, can't〔cannot〕, can't〔cannot〕, play

(3) Can, he, can, swim

3 (1)ボブはフルートをふくことができますか。
— はい，できます。

(2)私たちを手伝ってもらえませんか。
— すみません，できません。

(3)あなたの定規を使ってもいいですか。
— いいですよ。

4 (1) She can speak Spanish.

(2) They can swim in the lake.

(3) Sayuri can (play the violin).

5 (1) Can Tom and Ted play golf?
— Yes, they can.

(2) Can the girl ride a horse?
— No, she can't〔cannot〕.

(3) Who can speak Chinese?

(4) When can Mike come here?

6 (1) Can you see that building?

(2) Can I use your pen?

1 (1)「ブラウンさんは納豆を食べることができますか」の意味。男性が主語の Can ～ ? には，Yes, he can. / No, he can't〔cannot〕. で答える。　(2)「マリコは上手に料理ができますか」の意味。女性が主語のときの Can ～ ? には，Yes, she can. / No, she can't〔cannot〕. で答える。　(3)「あなたのお父さんは何をつくることができますか」　(4)「どちらのサンドイッチを食べていいですか」　(5)「だれがおいしいハンバーガーをつくることができますか」に答える。この文は主語が疑問詞の who になる。〈Who can ＋動詞の原形 ～ ?〉には，〈主語＋ can.〉という形で答えることに注意。

2 (1) can を使った疑問文は〈Can ＋主語＋動詞の原形 ～ ?〉の形。答えの文は〈Yes, ＋主語＋ can.〉または〈No, ＋主語＋ can't〔cannot〕.〉となる。「ユミは英語を話すことができますか」「はい，できます」
(2)「ジムは上手にテニスができますか」「いいえ，できません。彼は上手にテニスができません」　(3)「あなたのお兄さん〔弟さん〕は速く泳ぐことができますか」「はい，できます。彼はとても速く泳ぐことができます」

⚠ ここに注意 (2) can の否定形で短縮形 (can't) を使わない場合は cannot と1語で書くのが一般的である。

3 (1)〈Can ～ ?〉で「～できますか」の意味。　(2) Can you ～ ? は①「あなたは～できますか」（能力）②「～してもらえますか」（依頼）の意味がある。応答の文から，ここでは②の意味。承諾するときは，Sure. / All right.「いいですよ」などと答える。
(3) Can I ～ ? は「～してもいいですか」（許可）の意味になる。

4 (1)「ジェーンは何を話すことができますか」に答える。　(2)「少年たちはどこで泳ぐことができますか」に答える。　(3)「だれがバイオリンをひくことができますか」に答える。〈Who can ＋動詞の原形 ～ ?〉の応答には，〈主語＋ can.〉を使う。

5 (1)(2)「～することができますか」の疑問文は，can を主語の前に出す。答えの文の主語は(1)は they，(2)は she で受ける。　(3)「だれが中国語を話すことができますか」という意味の疑問文にする。　(4) after school「放課後に」を when「いつ」に置きかえて疑問文をつくる。

6 (1) 助動詞 can を使った疑問文。「建物」＝ building　(2) 許可を求めるときは Can I ～ ?「～してもいいですか」を使う。

Step B　**解答**　本冊 ▶ pp. 90～91

1 (1) ア　(2) イ　(3) ア　(4) ア　(5) イ
2 (1) ア　(2) イ　(3) ウ　(4) ア　(5) ウ
3 (1) Can the little boy ride a bike ?
　　— No, he can't〔cannot〕.
　(2) Can Jane make good soup ?
　　— Yes, she can.
　(3) What (language) can Tom speak ?
　(4) Who can help Ms. White ?
4 Can, read, or, write, can, read, write
5 (1) Can, skate, he, can, ski, too
　(2) Can, you, play, can't〔cannot〕, a, little
6 (1) Can you go to the museum with me ?
　(2) Where can we see many stars at night ?
　(3) How many languages can Mr. Yamada speak ?
7 (1) Can I use this room ?
　(2) What time can Mari come here ?

1 英単語はふだんから強勢をつけて読むようにしよう。
2 (1)「エミはバイオリンをひけますか」　(2)「だれが料理を上手にできますか」　(3)「佐藤先生は何時にパーティーに来ることができますか」　(4)「私たちを手伝ってくれますか，トム」　(5)「この消しゴムを使ってもいいですか」

⚠ ここに注意 (4)(5) 文脈や応答の文を確認して，依頼や許可の文であることを見落とさないようにしよう。

3 (1)(2)〈Can ＋主語＋動詞の原形 ～ ?〉の形にする。動詞をそれぞれ rides → ride，makes → make に直すことに注意。　(3) Spanish「スペイン語」を what (language) に置きかえて疑問文をつくる。
(4) who を主語にして「だれがホワイト先生を手伝えますか」という文にする。
4 「～か，または…」は or を使う。答えるときは yes，no は使わない。文中で2回使われている it はどちらも Japanese を指す。
5 (1)「～も」＝ too　(2)「少し」＝ a little

(1)「～してくれませんか」と依頼するときは Can you ～? を使う。　(2) where「どこで」の後に can の疑問文を続ける。　(3) how many languages「いくつの言語」の後に can の疑問文を続ける。how many のあとは名詞の複数形になることも復習しておこう。

7 (1)「～してもいいですか」と許可を求めるときは Can I ～? で表す。　(2) what time「何時に」の後に can の疑問文を続ける。「ここに来る」は come here で，前置詞は不要。

Step C 解答　　　本冊 ▶ pp.92～93

1 (1) with　(2) in　(3) can　(4) and　(5) Tom
2 (1) ア　(2) ア　(3) ウ　(4) イ
3 (1) カ　(2) ア　(3) イ　(4) エ　(5) ウ
4 (1) Can Emi swim fast ? — Yes, she can.
　(2) Mr. Brown can't〔cannot〕come to the party.
　(3) Where is Jack playing video games ?
　(4) Are the students singing songs ?
　— No, they aren't〔are not〕.
　(5) He is practicing Japanese now.
5 (1) あなたは何羽の鳥が見えますか。
　— 私は 12 羽の鳥が見えます。
　(2) 彼女は今，海で泳いでいません。
　(3) だれが教室で昼食を食べていますか。
6 (1) Ken can speak English a little.
　(2) Where does your uncle live ?
　— He lives in Hokkaido.
　(3) We are watching a soccer game on TV now.

解説

1 (1) with 以下がつけ足しの要素。「ケイコはテニスをしています」＋「彼女の友だちといっしょに」　(2) 場所の語句がつけ足しの要素。「彼は鳥を見ています」＋「公園で」　(3) The ～ hair までが長いひとまとまりの主語になっているので，そこで一度区切る。「長い髪のその女の子は，フランス語が話せます」　(4) and は前の語句とあとの語句をつなぐ語。「私たちは午前に 4 つの授業があります」＋「そして午後は 2 つの授業です」　(5) 時の語句と場所の語句がある。Tom takes ～ on Sunday. のように，on Sunday の位置は前後どちらでも可能だが，To the park Tom takes ～. という形にはできない。したがって，on Sunday より to the park のほうが

切り離せない要素になっている。「日曜日に」＋「トムは公園にイヌを連れて行きます」

2 (1) 助動詞 can の後ろは動詞の原形。　(2) 主語が Tom（3 人称単数）なので don't は不可。また，run が原形なので isn't も不適切。　(3) He's は He is の短縮形。is があるので，現在進行形の〈be 動詞＋動詞の ing 形〉にする。　(4)「持っている」という意味で使う have は進行形にできない。

⚠ **ここに注意**　(4) have は「持っている」という意味か「食べる」という意味かを判断する。「持っている」という状態を表すときは進行形にはしない。状態を表す動詞はほかに know「知っている」，live「住んでいる」，like「好きだ」などがある。

3 (1)「あなたの自転車を使ってもいいですか」と許可を求めている文。Sure. / All right.「いいですよ」と答える。　(2)「ジェーンは今，（彼女の）お母さんを手伝っていますか」には Yes か No で答えられる。　(3)「だれが上手に歌を歌えますか」に答える。〈Who can ＋動詞の原形～ ?〉には，〈主語＋can.〉と答える。　(4)「その少年たちは公園で野球をしていますか」に答える。the boys は複数なので，答えの文の主語は they になる。　(5)「あなたの姉妹は何をしていますか」に答える。「何を」とたずねる疑問文には yes や no で答えず，具体的な内容で答える。

4 (1)「～できますか」という疑問文は助動詞の can を主語の前に出す。　(2)「～できない」は〈can't〔cannot〕＋動詞の原形～〉で表す。　(3) in his room「彼の部屋で」を where に置きかえて，現在進行形の疑問文を続ける。　(4) 現在進行形の疑問文は〈be 動詞＋主語＋動詞の ing 形～ ?〉の形。(5) practice は e をとって ing をつける。

⚠ **ここに注意**　(5) every day「毎日」のように習慣を表す語句は現在進行形では使わない。

5 (1) how many birds「何羽の鳥」，twelve「12」　(2) 現在進行形の否定文。　(3)〈Who ＋ be 動詞＋動詞の ing 形～ ?〉は「だれが～していますか」の意味。疑問詞 who が主語。ここでの have は「食べる」という意味なので，進行形で表されている。

6 (1)「～することができる」なので助動詞 can を使う。主語の人称に関わらず can の後ろは動詞の原

形になる。「少し」＝ a little　(2) 場所をたずねる疑問文は where で文を始める。live は状態を表す動詞なのでふつう進行形にはしないが，日本語では「住んでいる」となる。進行形とまちがえないように注意しよう。　(3)「今，見ている」という進行中の動作を表すので，〈be 動詞＋動詞の ing 形〉で表す。「テレビで～を見る」＝ watch ～ on TV

21. 過去形の肯定文・否定文

Step A　　解答　　　　　　　　本冊 ▶ pp. 94～95

1 (1) liked　(2) looked　(3) cooked
(4) washed　(5) stopped　(6) studied　(7) went
(8) came　(9) played　(10) saw　(11) wrote
(12) lived

2 (1) played　(2) talked　(3) made　(4) visit
(5) didn't

3 (1) played, yesterday　(2) studied, last
(3) went, ago　(4) did, clean
(5) didn't, listen

4 (1) was　(2) were　(3) was　(4) were

5 (1) We played baseball yesterday.
(2) Kumi lived in Hokkaido last year.
(3) He didn't〔did not〕enjoy the concert.
(4) Ken didn't〔did not〕come to school at eight this morning.
(5) Jim wasn't〔was not〕in the library yesterday afternoon.
(6) Bill was tired last Sunday.
(7) Yui and Mai were in Kyoto.

6 (1) I didn't〔did not〕play soccer last Saturday.
(2) Jane was free yesterday.
(3) Jim studied Japanese last night.

解説

1 英語では，過去のことを述べるとき，動詞の形をかえる。これを過去形という。動詞の原形に ed，d をつけて過去形にする動詞を規則動詞，不規則に変化する動詞を不規則動詞という。　(1)(12) e で終わる動詞は d だけをつける。　(2)～(4) たいていの語は ed をつける。　(5)〈短母音＋子音字〉で終わる語は子音字を重ねて ed をつける。　(6)〈子音字＋y〉で終わる動詞は y を i にかえて ed をつける。　(9)〈母音字＋y〉で終わる動詞はそのまま ed をつける。

(7)(8)(10)(11) は不規則動詞。

2 (1)(2) yesterday「昨日」，last Sunday「この前の日曜日」という過去を表す語句あるので，過去の文とわかる。play，talk は規則動詞。　(3) last week「先週」から過去の文とわかる。make は不規則動詞（make ― made）である。　(4)(5) three years ago「3 年前に」，last night「昨夜」がある。過去の否定文は〈didn't〔did not〕＋動詞の原形〉の形にする。

！ ここに注意　一般動詞の過去形の場合，肯定文・否定文ともに主語が 3 人称単数でも，動詞は特別な変化はしない。

3 (1) play は規則動詞。「昨日」＝ yesterday　(2) study は〈子音字＋y〉で終わる動詞。「昨夜」＝ last night　(3) go は不規則動詞（go ― went）である。「～前に」＝～ ago　(4)(5) 過去形の否定文では，didn't〔did not〕の後は動詞の原形を使う。

4 be 動詞の過去形は am, is → was, are → were となる。　(1)「私の父は昨日，とても疲れていました」　(2)「あなたは先月，ロンドンにいましたね」　(3)「私は先週，忙しかった」　(4)「ボブとジョンは昨年，高校生ではありませんでした」

5 (1)(2) yesterday「昨日」，last year「昨年」なので，動詞に ed，d をつけて過去形にする。　(3)(4) 一般動詞の過去の否定文は〈didn't〔did not〕＋動詞の原形〉の形。規則動詞の enjoyed，不規則動詞の came をそれぞれ原形に戻す。　(5) be 動詞の過去の否定文は，過去形の be 動詞（was, were）の後ろに not を置くだけでよい。　(6) last Sunday「この前の日曜日」なので，be 動詞 is を過去形の was にする。　(7) be 動詞は過去形も主語に応じて使い分ける。複数のときは人称に関わらず were になる。

6 (1) 否定文は didn't〔did not〕＋動詞の原形〉の形で表す。　(2) be 動詞の文。主語が Jane（3 人称単数）なので was を使う。　(3) study は「子音字＋y」で終わる動詞。

！ ここに注意　last ～「この前の～」，yesterday「昨日」，～ ago「～前に」などは前置詞を必要としない。
　例 on last Sunday, at last night

1 (1)イ　(2)イ　(3)ア　(4)ア　(5)イ　(6)ア
　(7)ウ　(8)ア　(9)ウ

2 (1)イ　(2)ウ　(3)ウ　(4)ウ　(5)イ

3 (1)played　(2)watched　(3)used
　(4)studied　(5)came　(6)made　(7)stopped

4 (1)彼女は昨日，11 時に寝ました。
　(2)私たちは 3 週間，イタリアに滞在しました。
　(3)私はこの前の土曜日，病気で寝ていました。

5 (1)The student lived in Paris last year.
　(2)I studied history last night.
　(3)He didn't write a letter yesterday.
　(4)He was in Canada last summer.
　(5)Ken and Mike weren't〔were not〕hungry.

6 (1)I lived in Osaka two years ago.
　(2)John was in the museum yesterday.
　(3)I did not see him last week.

7 (1)Jane went to the park yesterday morning.
　(2)Tom got up at six thirty this morning.
　(3)I didn't〔did not〕practice English yesterday.
　(4)I wasn't〔was not〕free last Sunday.
　(5)They were in Kyoto three days ago.

解説

1 規則動詞の過去形の語尾の発音は[d]，[t]，[id]の 3 つ。[d]は動詞の原形の語尾が[d]以外の有声子音のとき。[t]は動詞の原形の語尾が[t]以外の無声子音のとき。[id]は動詞の原形の語尾が[d]か[t]のとき。

2 (1)now「今」のことなので現在の文。live「住んでいる」は状態を表す動詞なので進行形にしない。(2)過去の否定文は didn't〔did not〕を使う。(3)run は不規則動詞(run — ran)である。(4)(5)be 動詞は過去形も主語に応じて使い分ける。(4)は主語が複数なので were を，(5)は 3 人称単数なので was(設問は否定形 wasn't になっている)を使う。

3 (1)(2)多くの動詞の過去形は語尾に ed をつける。(3)e で終わる動詞の過去形は語尾に d をつける。(4)〈子音字＋y〉で終わる動詞は y を i にかえて ed をつける。(5)(6)不規則動詞(come → came, make → made) (7)〈短母音＋子音字〉で終わる語は子音字を重ねて ed をつける。「ジャックはそこ

で立ち止まって，ジェーンと話をしました」

4 (1)went は go の過去形。go to bed「寝る」 (2)for は「〜の間」の意味で期間を表す。stay は〈母音字＋y〉なので，ed をそのままつけることにも注意しておく。 (3)sick in bed「病気で寝ている」

5 (1)live は e で終わる語。 (2)study → studied にする。 (3)否定文では動詞は原形になる。wrote は不規則動詞 write「書く」の過去形。(4)主語の he's は he is の短縮形。be 動詞 is を過去形の was にする。he was に短縮形はない。 (5)be 動詞の否定文は，過去形の be 動詞(was，were)の後ろに not を置くだけでよい。

6 (1)過去の文なので live が不要な語。「2 年前」＝two years ago (2)過去の文なので現在形の is が不要。 (3)否定文なので，動詞は原形が適切。過去形の saw(see は不規則動詞)が不要。

7 (1)go の過去形は went，「昨日の朝」＝yesterday morning (2)get の過去形は got，「起きる」＝get up (3)否定文は〈didn't〔did not〕＋動詞の原形〉，「練習する」＝practice (4)be 動詞 was の否定文。was の後ろに not を置く。 (5)主語が they なので，be 動詞は were を使う。「3 日前」＝three days ago

22. 過去形の疑問文

1 (1)Did, play　(2)she, did
　(3)Did, you, watch　(4)I, didn't
　(5)What, did　(6)time, did, get

2 (1)カ　(2)エ　(3)ア　(4)オ　(5)ウ

3 (1)was　(2)Was, wasn't
　(3)Were, weren't　(4)were, was

4 (1)she, did　(2)Did, Yes, did, studied
　(3)did, watched

5 (1)They went there last Sunday.
　(2)She made a cake (there).
　(3)I was in Yokohama.

6 (1)Did Jim study Japanese last night ?
　(2)Were you free yesterday ?

解説

1 (1)〜(4)一般動詞の過去形の疑問文は，〈Did ＋主語＋動詞の原形 〜 ?〉の形で表し，答えの文では

did / didn't〔did not〕を使う。　(5)(6)疑問詞を含む場合，疑問詞を文頭に置いて疑問文の語順を続ける。(5)の do は「する」という一般動詞。

▶ **2** (1) Yes / No で答えられる過去形の文。「あなたのおばさんはその店で働いたのですか」　(2)現在形の文。「あなたのお兄さん〔弟さん〕は動物が好きですか」　(3)「トムはこの前の日曜日，どこに行きましたか」に答える。go の過去形は went になる。(4)「ジェーンはいつそのすてきなセーターを買いましたか」に答える。buy の過去形は bought になる。(5)「だれがこの人形を作りましたか」に答える。疑問詞 Who が主語の疑問文には，〈主語＋did.〉の形で答える。

▶ **3** be 動詞の過去形の疑問文は be 動詞（was / were）を主語の前に置き，状況に応じた be 動詞で答える。　(1)「あなたは昨日，忙しかったのですか」「はい，そうでした」　(2)「あなたのお父さんは先週，神戸にいましたか」「いいえ，いませんでした」　(3)「ジェーンとジュディは昨日の午後，博物館にいましたか」「いいえ，いませんでした」　(4)疑問詞 where が文頭に置かれている。「あなたはこの前の日曜日，どこにいましたか」「私は東京にいました」

▶ **4** (1) Did 〜 ? には did を使って答える。「エミは昨日料理をしましたか」「はい，しました」　(2)「ケンは昨日勉強しましたか」「はい，しました。(彼は)数学を勉強しました」　(3)疑問詞の後に〈did ＋主語＋動詞の原形〉が続く。答えの文(肯定文)では watched になる。「あなたのお姉さん〔妹さん〕は昨夜，何をしましたか」「彼女はテレビを見ました」

> **！ ここに注意**　(2)(3)疑問文では動詞は原形を使うが，具体的な内容を答えるときは，動詞は過去形になる。

▶ **5** (1)「山田夫妻はいつ奈良に行きましたか」に答える。go の過去形は went になる。　(2)「ジェーンは台所で何をつくりましたか」に答える。make の過去形は made になる。答えの文の there は「そこで」の意味。　(3)「ベン，あなたは昨日，どこにいましたか」に答える。答えるときは，前置詞の in 「(場所)に」を忘れないようにする。

▶ **6** (1)過去の一般動詞の疑問文は〈Did ＋主語＋動詞の原形 〜 ?〉の形。　(2) be 動詞の疑問文は，現在形も過去形も〈be 動詞＋主語 〜 ?〉の語順。

---

1 (1) got, up　(2) Yes, did
　　(3) did, came, to
　　(4) watched, TV〔television〕

2 (1) Where, did, go, went, to
　　(2) How, long, did, stayed, for

3 (1) イ　(2) イ　(3) ウ　(4) ア　(5) ウ

4 (1) Was Tom sick yesterday ?
　　　— Yes, he was.
　　(2) Did they walk to school yesterday ?
　　　— No, they didn't〔did not〕.
　　(3) When did Mike visit his uncle ?
　　(4) How many hamburgers did Ben eat ?
　　(5) He played tennis (yesterday).

5 (1) Did she live in Fukuoka two years ago ?
　　(2) Where were you yesterday afternoon ?
　　(3) What time did you go to bed last night ?
　　(4) I went to bed at eleven.

6 (1) Did you practice English yesterday ?
　　(2) What book(s) did you read last Sunday ?
　　(3) Who used this bike ?

解説

1 (1) get up「起きる」を過去形にする。get は不規則動詞で get—got と変化する。　(2)「クミは 7 時 20 分に朝食を食べましたか」という問い。Yes / No で答える。　(3)「クミは昨日何時に学校に来ましたか」という問い。what time のあとに過去の疑問文の語順を続ける。come の過去形は came になる。(4)「クミは昨日の 9 時に何をしましたか」という問い。絵から「テレビを見ました」という文に。

2 (1)「どこへ〜しましたか」は where を文頭に置いて過去の疑問文の語順を続ける。不規則動詞 go の過去形は went になる。　(2)「どのくらい」と期間をたずねるときは how long を文頭に置く。stay は規則動詞。「〜の間」と期間を表すときは for を使う。

> **！ ここに注意**　(2) stay や play は〈母音字＋y〉なのでそのまま ed をつける。
> 〈母音字＋y〉：sta<u>yed</u>, pla<u>yed</u>　など
> 〈子音字＋y〉：stud<u>ied</u>, tr<u>ied</u>　など

3 (1)「エミは昨日，バイオリンをひきましたか」という問い。Did 〜 ? には Yes / No で答える。過去

の文なので didn't を含む**イ**が適切。　(2)「だれがその質問に答えましたか」という問い。who が主語の疑問文なので，〈主語＋ did.〉の形になっている**イ**が適切。　(3)「あなたはいつ動物園に行きましたか」という問い。yesterday「昨日」と答えている**ウ**が適切。　(4)「あなたは先週，忙<small>いそが</small>しかったのですか」という問い。Were 〜 ? には Yes / No で答える。答えの文の主語は 1 人称になるので，過去の文で I を含む**ア**が適切。　(5)「ジャックは昨日の午後，どこにいましたか」という問い。具体的な場所と過去時制で答えている**ウ**が適切。

4　(1) be 動詞(was)を主語(Tom)の前に出す。　(2)疑問文は〈Did ＋主語＋動詞の原形 〜 ?〉の形。　(3)「マイクはいつ彼<small>かれ</small>のおじさんを訪ねたのですか」という文にする。　(4) ate は eat の過去形。「ベンはハンバーガーをいくつ食べましたか」という文にする。　(5)「ケンは昨日，どんなスポーツをしましたか」に答える。what sport は「どんなスポーツ」とたずねる言い方。

5　(1)〈Did ＋主語＋動詞の原形 〜 ?〉の語順。「2 年前」＝ two years ago　(2) where の後は〈be 動詞＋主語〉の語順。　(3)「何時に」＝ what time のあとに過去の疑問文の語順を続ける。　(4)「寝<small>ね</small>る〔寝た〕」＝ go〔went〕to bed

6　(1)過去形の疑問文。Did で文を始める。「練習する」＝ practice　(2)「どんな本」＝ what book(s)を文頭に置く。　(3)「だれが〜しましたか」は〈Who ＋動詞の過去形 〜 ?〉の語順。この文では原形を使わないことに注意する。

> **❶ ここに注意**　(3) who が主語の疑問文のとき，時制<small>じせい</small>の影響<small>えいきょう</small>を受ける。
> ✕ Who use this bike yesterday ?
> 〇 Who used this bike yesterday ?

23. 過去進行形

Step A　**解答**　本冊 ▶ pp.102〜103

1　(1) was　(2) is　(3) were

2　(1) playing　(2) having　(3) studying　(4) running　(5) lived

3　(1)①　私は今，宿題をしています。
　　②　私はそのとき宿題をしていました。
　(2)①　彼は今，音楽を聞いていますか。
　　②　彼はそのとき，音楽を聞いていましたか。

4　(1) Were, playing, wasn't
　(2) wasn't, watching, were, doing, was, reading

5　(1) Takeshi was driving a car.
　(2) Jim was writing a letter.
　(3) The girls weren't〔were not〕playing tennis.
　(4) Was Ben swimming then ?
　(5) Mika and Yuka were dancing on the stage.
　(6) She was making sandwiches (there).

6　(1) Maki was talking with us then.
　(2) He was not using a computer.
　(3) What were they doing there ?

解説

1　(1) at nine last night「昨夜の 9 時」があるので過去進行形〈was〔were〕＋動詞の ing 形〉の文にする。be 動詞は主語に応じて選ぶ。「私は昨夜の 9 時に風呂に入っていました」　(2) now があるので現在進行形の文。　(3) then「そのとき」があるので，過去進行形の文にする。

2　(1)〜(4)過去進行形の文。動詞の ing 形は復習しておこう。　(5) live「住んでいる」はごく一時的な状況を強調する以外では進行形にしない。

> **❶ ここに注意**　know, like, want, have（「持つ」の意味のとき）など，進行形で使えない動詞を確認しておこう。

3　① は現在進行形「〜している」，② は過去進行形「〜していた」の文。

4　(1)過去進行形の疑問文は〈Was〔Were〕＋主語＋動詞の ing 形 〜 ?〉で表し，was〔were〕を使って答える。　(2) 1 文目：過去進行形の否定文は was〔were〕の後ろに not を置く。本問では空所の数から短縮形の wasn't にする。　2 文目：疑問詞は文頭に置き，過去進行形の疑問文の語順を続ける。

5　(1)(2)過去進行形の文は〈was〔were〕＋動詞の ing 形〉で表す。　(3)過去進行形の否定文。be 動詞 were の後ろに not を置く。　(4)過去進行形の疑問文。was を主語の前に置く。　(5)主語が 3 人称単数から複数にかわるので，それに応じて be 動詞も was → were になる。　(6)「ジェーンは(そこで)サンドイッチを作っていました」という文にする。

6　(1)過去進行形の文。was の後ろに動詞の ing 形を

続ける。「〜と話す」＝ talk with 〜　(2) 否定文なので was の後ろに not を置く。　(3) what を文頭に置いて，疑問文の語順を続ける。本問の do(ing) は「する」という意味の動詞。「そこで」＝ there

1 (1)イ　(2)ウ　(3)ウ　(4)イ

2 (1) drinking　(2) having　(3) wanted
　　(4) taking　(5) swimming

3 (1) たくさんの鳥が空を飛んでいました。
　　(2) だれがステージで歌っていましたか。

4 (1) She got up at six (o'clock).
　　(2) No, she wasn't〔was not〕.
　　(3) She was listening to music (then).

5 (1) was, running, then
　　(2) weren't, playing, time
　　(3) Were, practicing, was
　　(4) Who, was, was

6 (1) A lot of students were helping Mr. Sato.
　　(2) Was Ken taking a bath then?
　　　— No, he wasn't〔was not〕.
　　(3) What was Judy doing at that time?

7 (1) The students were cleaning the classroom then.
　　(2) Where were you waiting for us?

8 (1) I was doing my homework.
　　(2) He wasn't〔was not〕 sleeping then〔at that time〕.

解説

1 (1) 動詞(play) を ing 形にすると be 動詞(was) とつながり過去進行形になる。　(2)(3) 過去進行形にすると時制が合う。　(4) who が主語になる過去進行形の文にする。ア，ウは余分に主語(he) があるので文法上成立しない。「だれがそのときこの自転車を使っていましたか」

2 (1)(2)(4)(5) 動詞を ing 形にして，過去進行形にする。　(3) want「ほしい」は継続した状態を表す動詞なので，進行形にならない。

3 (1) a lot of birds「たくさんの鳥」が主語。　(2) who が主語の疑問文。

4 (1)「ユカは何時に起きましたか」という過去形の文に答える。「〜時に(…した)」と言うとき，時刻の前には前置詞の at が必要。　(2)「彼女は8時に朝食を食べていましたか」という過去進行形の文に答える。　(3)「彼女は11時に何をしていましたか」という過去進行形の文に答える。

(1)は過去形，(2)(3)は過去進行形の設問になっている。設問の時制に合わせて答えること。

5 (1)〜(3) 過去進行形の文。まずは主語に応じた be 動詞(was, were) を選択し，動詞は ing 形にする。「そのとき」は then, at that time と2通りの言い方を覚えよう。　(4) 主語の who は3人称単数として扱うので，過去進行形のときの be 動詞は was が適切。答え方は〈主語＋ was〔were〕.〉になる。

6 (1) a lot of「たくさんの」の後ろは students と複数形になり，冠詞の a は不要となる。主語が複数になるので，be 動詞も was → were に変化する。「たくさんの生徒が佐藤先生を手伝っていました」　(2) 過去進行形の疑問文は be 動詞(was, were) を主語の前に置く。　(3) 下線部が動詞の ing 形にひかれているので，what と do(ing) を使って「何をしていたのか」と問えばよい。

7 過去進行形の文なので，下線の動詞 clean, wait をそれぞれ ing 形にして使う。(2)「〜を待つ」＝ wait for 〜

8 (1)「宿題をする」＝ do one's homework　(2) not は be 動詞(was) の後ろに置く。「眠る」＝ sleep, 「そのとき」＝ then〔at that time〕

24. be going to 〜

1 (1) am　(2) going　(3) study

2 (1) I'm〔I am〕 going to play tennis.
　　(2) You're〔You are〕 going to study math.
　　(3) He's〔He is〕 going to work here.
　　(4) Jane is going to watch TV.

3 (1) 私は明日，動物園を訪れるつもり〔予定〕です。
　　(2) あなたはハンバーガーを食べるつもり〔予定〕ですか。— はい，食べるつもりです。

4 (1) is, wash　(2) going, listen　(3) not, to
　　(4) Are, going　(5) they, aren't
　　(6) are, going

5 (1)ア　(2)オ　(3)イ　(4)ウ　(5)カ

6 (1) I'm going to do my homework tonight.

(2) They are not going to stay here.

(3) Are you going to meet her tomorrow?

(4) What is Tom going to do next Sunday?

解説

■1 (1) be 動詞は主語に応じて使い分ける。「私は今夜この本を読むつもりです」 (2)「ケンは明日，ジョンと話をするつもりです」 (3) be going to「〜するつもり」の後ろは必ず動詞の原形になる。「私たちは次の日曜日，いっしょに勉強するつもりです」

■2 主語と動詞の間に be going to を加える。be 動詞は主語に応じて使い分け，to の後ろは必ず動詞の原形になる。(3)(4)の works, watches は原形に戻すこと。

❶ ここに注意 (1)〜(3) 主格の代名詞と am, are, is には短縮形があるが，be going to の文でも I'm, you're, he's, we're などが使える。

■3 (1) be going to「〜するつもりだ，〜するでしょう」は未来のことを表す。tomorrow「明日」 (2) Are you going to 〜? は「あなたは〜するつもりですか」の意味。答えの文が be 動詞を使っていることにも注意しておく。

■4 (1)(2)「〜するつもりだ」は〈be going to ＋動詞の原形〉で表す。この表現で主語が影響を与えるのは be 動詞だけであり，to の直後の動詞は必ず原形になる。 (3) be going to の否定文は be 動詞の後ろに not を置く。 (4) be going to の疑問文は be 動詞を主語の前に置く。 (5) be going to の疑問文には，be 動詞を使って答える。 (6) 疑問詞を伴う場合，疑問詞を文頭に置き疑問文の語順を続ける。

■5 (1)「あなたたちは明日，バスケットボールをするつもりですか」 (2)「マイクは今夜，この自転車を使うつもりですか」 (3)「あなたはいつおばさんを訪ねるつもりですか」という問い。時の情報があるものを選ぶ。 (4)「彼は毎日どうやって学校に行きますか」という現在形の問い。英語では時制をかえて答えることはしない。 (5)「あなたは将来，何になるつもりですか」という問い。この表現では to の後ろで be(be 動詞の原形)が使われる。よく使われる表現なので，重要暗唱例文として覚えておくとよい。in the future「将来」

■6 (1) be going to を使って未来を表す。do one's homework「宿題をする」 (2)「〜しないでしょう」

という未来の否定文は，be not going to という語順にする。 (3)「〜する予定ですか」という未来の疑問文は，〈be 動詞＋主語＋ going to 〜?〉の語順にする。 (4) 疑問詞 what のあとに未来の疑問文の語順を続ける。「次の日曜日」＝ next Sunday

Step B **解答** 本冊 ▶ pp.108〜109

■1 (1) イ (2) ア (3) ウ (4) イ

■2 (1) イ (2) イ (3) ア (4) イ

■3 (1) Bob and Mike are going to play tennis.

(2) Jane isn't〔is not〕going to meet him.

(3) Are the girls going to have a party?

(4) When is Ken going to visit the zoo?

(5) How long are they going to stay in Korea?

■4 (1) 私は将来，英語の先生になるつもりです。

(2) だれが今夜，ここに来る予定ですか。
　― マイクとジェーンです。

■5 (1) We are going to play basketball after lunch.

(2) Where are you going to buy a racket?

(3) I'm not going to use the bike this afternoon.

(4) What are you going to be in the future?

■6 (1) I'm going to clean my room tomorrow.

(2) Are you going to read the book next Monday?

■7 (1) Yes, he is.

(2) He is going to visit her this Saturday.

(3) He is going to do his homework.

解説

■1 英単語はふだんから大げさに強勢をつけて読むようにしよう。

■2 (1)〈be going to ＋動詞の原形〉で「〜するつもりだ」の意味になる。 (2)〈be not going to ＋動詞の原形〉で「〜するつもりはない，〜しないでしょう」の意味になる。 (3) 主語の Maki and Yuki の前に be 動詞(are)を置くと，後ろの going to 以下とつながり未来の疑問文になる。 (4) 疑問詞 how の後ろを〈be 動詞(is)＋主語(the weather)〉の語順にすると後ろの going to 以下とつながる。「今夜の天気はどうなるでしょうか」

■3 (1) be going to でも，be 動詞は主語に応じて am, are, is を使い分ける。主語が複数(Bob and Mike)になるので is を are にかえる。 (2) be going to の

否定文は，not を be 動詞(is)の後ろに置く。 (3) be going to の疑問文は，be 動詞(are)を主語の前に置く。 (4) tomorrow「明日」を問うので when「いつ」を文頭に置き，疑問文の語順にする。 (5) for a week「1 週間」(期間)を問うので how long「どのくらい(の期間)」を使った疑問文にする。

4 (1) to の後ろの be は be 動詞の原形。am〔are, is〕going to be は「～になるつもりだ，～になるでしょう」の意味になることが多い。in the future「将来」 (2) 疑問詞 who(3 人称単数扱い)が主語の未来の疑問文。Who is going to ～ ?「だれが～するでしょうか」には，〈主語＋ be 動詞.〉「…です」と答える。

5 (1) be going to を使った未来の文にする。to が不足している。 (2) be going to を使った未来の疑問文〈be 動詞＋主語＋ going to〉にする。going が不足している。 (3) be going to を使った否定文〈be not going to〉にする。not が不足している。 (4)「～になるつもりだ」は am〔are, is〕going to be を使って表現できるので，to の後に置く be(be 動詞の原形)が不足しているとわかる。「将来」＝ in the future

6 (1) be going to の後ろは動詞の原形になる。「明日」＝ tomorrow (2)〈be 動詞＋主語＋ going to ～〉の語順。「次の月曜日」＝ next Monday

7 (1)「ケンタはこの金曜日にギターの練習をするつもりですか」 (2)「ケンタはいつ彼のおばあさん(彼女)を訪問するつもりですか」 (3)「ケンタはこの日曜日に何をするつもりですか」

25. will

Step A 　解答 　　　　　本冊 ▶ pp. 110～111

1 (1) will (2) will, read (3) will, not
　(4) won't

2 (1) will (2) will, cook (3) will, study

3 (1) 彼女(彼女)は来週，名古屋を訪れるでしょう。

(2) マイクは今夜，ここに来るでしょうか。
　― いいえ，来ないでしょう。

4 (1) she, will (2) Will, won't
　(3) What, will

5 (1) He'll〔He will〕wash his car.
　(2) Ken won't〔will not〕call you tonight.
　(3) Will they enjoy the festival ?
　(4) Where will Jane stay ?

6 (1) The next train will come soon.
　(2) He will not work here.
　(3) Will she go shopping tomorrow ?

7 (1) Yes, I will. / No, I won't〔will not〕.
　例(2) I'll〔I will〕clean my room.

解説

1 (1)(2) 未来のことは助動詞の will でも表すことができる。〈will ＋動詞の原形〉で「～するつもりだ，～でしょう」の意味になる。 (3)「～しないでしょう」は〈will ＋ not ＋動詞の原形〉で表すことができる。 (4) 空所の数から will not の短縮形 won't を使う。

2 〈be going to ＋動詞の原形〉の文を，〈will ＋動詞の原形〉を使って書きかえる。

3 (1) will は「～するつもりだ，～でしょう」の意味で，未来のことを表すときに使う。 (2) will の疑問文。「～するつもりですか，～でしょうか」の意味。答えの文の won't は will not の短縮形。

4 (1) 未来の疑問文の Will ～ ?には，will を使って答える。「あなたのお母さんはケーキをつくるでしょうか」「はい，つくるでしょう」 (2) next Sunday「次の日曜日に」とあるので，未来の文だとわかる。will の疑問文は，〈Will ＋主語＋動詞の原形 ～ ?〉の語順になり，答えの文では will / won't〔will not〕を使う。「あなたは次の日曜日，沖縄に行くつもりですか」「いいえ，行くつもりはありません。次の日曜日は家にいるつもりです」 (3) B は具体的に買うものを答えているので，what「何を」とたずねる疑問文が適切。「トムはその店で何を買うでしょうか」「彼はそこでりんごをいくつか買うでしょう」

5 (1) will の後ろの動詞は原形になるので，

45

washes → wash に直す。　(2) 未来の否定文は will の後ろに not を置く。短縮形の won't を使ってもよい。　(3) 未来の疑問文は will を主語の前に置く。(4) in Spain「スペインで」を問うので where「どこに」を文頭に置き，疑問文の語順にする。

6 (1)「次の電車」= the next train，「まもなく」= soon　(2)「～しないでしょう」は〈will not ＋動詞の原形〉の語順。　(3)「～するでしょうか」は〈Will ＋主語＋動詞の原形 ～ ?〉の語順。「買い物に行く」= go shopping

7 (1)「あなたは今夜，テレビを見るつもりですか」(2)「あなたは次の日曜日，何をするつもりですか」という問い。「(私の)部屋をそうじする」= clean my room，「(私の)宿題をする」= do my homework，「図書館〔博物館，球場〕へ行く」= go to the library〔museum, stadium〕など。

> **ここに注意**　(2) 自分のことを答える英作文の場合，難しい表現にせず簡潔な表現を心がける。

Step B 　解答　　　本冊 ▶ pp. 112〜113

1 (1) I'll　(2) he'll　(3) we'll　(4) won't
　　(5) wasn't　(6) weren't
2 (1) ア　(2) ウ　(3) ウ　(4) イ
3 (1) オ　(2) ウ　(3) エ　(4) ア
4 (1) They're〔They are〕 going to run in the park.
　　(2) Will he clean his room? — Yes, he will.
　　(3) Will Ms. White use this room?
　　　— No, she won't〔will not〕.
　　(4) How old will Ken be tomorrow?
5 (1) Will a new bookstore open soon?
　　(2) They will be high school students next year.
　　(3) My favorite team will not win the game.
　　(4) Where will you go this weekend?
6 (1) I'll〔I will〕 help you soon.
　　(2) Who will clean the classroom(s) next Tuesday?
7 (1) It will start at three (in the afternoon).
　　(2) They will have it at Yuka's house.
　　(3) They will have curry (for dinner).

解説

1 (1)〜(3)〈主語(代名詞) ＋ will〉は，他にも you'll, she'll, it'll, they'll がある。　(4) won't は発音〔wount〕にも注意。　(5)(6) was, were は be 動詞の過去形。

2 (1) will の後ろは動詞の原形になる。　(2) 文末に tomorrow「明日」とあるので未来の文。　(3) she's(she is の短縮形)だと be going to の形になり，文が成立する。　(4)〈will ＋主語＋動詞の原形〉が疑問文の語順。

3 (1)「トムは今，病気で寝ています」→オ「彼は今夜，パーティーに来ないでしょう」　(2)「私の弟はとてもおなかがすいています」→ウ「彼はたくさん食べるでしょう」　(3)「ケンは来年，オーストラリアに行くでしょう」→エ「彼は英語をとても一生けんめいに勉強しています」　(4)「マイクは上手なテニス選手になるつもりです」→ア「彼は毎日それ(テニス)を練習しています」

4 (1) will と be going to の書きかえ。be 動詞は主語に応じて使い分ける。　(2)(3) will の疑問文は will を主語の前に出す。また，will / won't〔will not〕を使って答える。　(4) 14 years old「14 歳」(年齢)を問うので how old を文頭に置き，疑問文の語順にする。本問中の be は be 動詞の原形で，will be ～ は「～になる(だろう，つもりだ)」と訳すことが多い。「ケンは明日で何歳になるでしょうか」

5 (1)〈Will ＋主語＋動詞の原形 ～ ?〉の語順にする。「すぐに，まもなく」= soon　(2)「～になる(だろう)」は will be ～ で表すことができる。　(3)〈will not ＋動詞の原形〉の語順にする。「大好きな，お気に入りの」= favorite，「勝つ」= win　(4) 疑問詞 where の後に，will の疑問文の語順を続ける。「週末」= weekend

6 (1) 助動詞 will の後の動詞は原形にする。「すぐに，まもなく」= soon　(2) 疑問詞の who が主語の疑問文を組み立てる。〈Who will ＋動詞の原形 ～ ?〉で「だれが～するでしょうか」という意味になる。

7 (1)「パーティーは何時に始まるでしょうか」という問い。答えるときの主語は it を使う。　(2)「生徒たちはどこでパーティーを開くでしょうか」という問い。こちらは主語を they にした文で答える。(3)「彼らは夕食に何を食べるでしょうか」

Step C **解答** 本冊 ▶ pp.114〜115

1 (1)イ, オ (2)カ (3)エ
2 (1)ア (2)ウ (3)イ (4)イ
3 (1)ウ (2)ア (3)ウ (4)ウ
4 (1)Will, you (2)is, going
(3)was, reading (4)When, did
(5)went, last
5 (1)ウ (2)ア (3)イ (4)エ (5)カ
6 (1)How will Miki go to Osaka?
(2)Tom is going to wash his car.
(3)Where was John studying then?
(4)She lived in America last year.
(5)Did Bill watch a baseball game on TV?
7 (1)Who was in the park?
(2)Were you swimming then〔at that time〕?
(3)I played tennis yesterday.
(4)Ken will〔is going to〕do his homework
tomorrow.

解説

1 (1)Last night「昨夜」のあとと, with my family
「家族といっしょに」の前で区切る。 (2)(3)それぞ
れ this morning「今朝」, next Sunday「次の日曜
日に」と, 時を表す語句の前で区切る。
2 (1)アは[e], ほかの2つは[iː]。 (2)ウは[ɔː], ほ
かの2つは[ou]。 (3)イは[θ], ほかの2つは[ð]。
(4)イは[id], ほかの2つは[t]。

3 (1)He's は He is の短縮形なので, going を選ぶ
と未来の文になる。「彼はこの自転車を使うつもり
です」 (2)空所の後ろが動詞の原形なので, 助動詞
の won't(will not の短縮形)を選ぶ。「トムはそこに
行かないでしょう」 (3)yesterday「昨日」という
過去を表す語があるので, 過去形 washed を選ぶ。
「ビルは昨日, 車を洗いました」 (4)you の後ろが
ing 形になっており, 文末の語句から過去進行形だ

とわかる。「あなたは昨日の3時ごろピアノをひい
ていましたか」
4 (1)「明日(tomorrow)〜しますか」なので未来の
疑問文。空所の数から will を使う。 (2)「〜する予
定ですか」とあるので未来の疑問文。to dance に
つなげるので, be going to を使う。主語の who は
3人称単数として扱うので, be 動詞は is が適切。
(3)「そのとき(then)〜していた」なので過去進行形
〈was〔were〕＋動詞の ing 形〉の文。be 動詞は主語
に合わせる。 (4)「いつ(when)〜しましたか」と
あるので過去の疑問文。一般動詞の場合, 〈Did ＋
主語＋動詞の原形 〜 ?〉で表す。 (5)「この前の日
曜日(last Sunday)」のことなので, 過去の文。go
「行く」は不規則動詞で, 過去形は went になる。
5 (1)「あなたは日本語を勉強するつもりですか」と
いう問い。Will 〜 ? の疑問文には, will / won't
〔will not〕を使って答える。 (2)「あなたは昨夜英
語を勉強しましたか」という問い。一般動詞の過去
の疑問文には, did / didn't〔did not〕を使って答え
る。 (3)「あなたのお姉さん〔妹さん〕は動物園を訪
れる予定ですか」という問い。be going to の疑問
文には, 主語に応じた be 動詞を使って答える。
(4)「あなたのクラスでだれが歌を歌っていました
か」という主語が疑問詞 who の問い。Who was 〜
? には, 〈主語＋was〔were〕.〉の形で答える。 (5)
「あなたはこの前の土曜日にどんなスポーツをしま
したか」という過去形の問い。過去時制で具体的な
スポーツを答えているものを選ぶ。
6 (1)by train「電車で」という交通手段を問うので,
how「どうやって」を文頭に置いて will の疑問文
の語順を続ける。 (2)will と be going to の書きか
え。will と異なり, be going to の be は人称によっ
て使い分けるので, 本問では is going to となる。
(3)in his room「彼の部屋で」という場所を問うの
で, where「どこで」を文頭に置いて過去進行形の
疑問文の語順〈was〔were〕＋主語＋動詞の ing 形〉を
続ける。 (4)last year「昨年」をつけ加えるので
過去の文にする。live の過去形は lived になる。(5)
一般動詞の過去の疑問文〈Did ＋主語＋動詞の原形
〜 ?〉にする。
7 (1)who が主語となるときは3人称単数扱い。過
去の be 動詞の文なので動詞を was とする。 (2)
過去進行形の文は〈was〔were〕＋動詞の ing 形〉で表
す。swim「泳ぐ」の ing 形は子音字を重ねる。「そ

のとき」 = then〔at that time〕 (3) 一般動詞の過去の文。play を過去形 played にする。 (4) 未来の文なので will または be going to を使って表せばよい。「宿題をする」 = do one's homework

会 話 表 現 (2)

本冊 ▶ pp. 116～117

解答

1 (1) Can〔May〕, speak
　(2) Can〔May〕, help
2 (1) エ (2) ウ (3) ア (4) オ (5) イ
3 (1) ア (2) No, he didn't〔did not〕.
4 (1) ア (2) イ
5 ① ウ ② エ ③ ア
6 (1) ① for ② at ③ on
　(2) How can I get there ?

解説

1 (1) 電話で Can〔May〕I speak to ～ , please ? で「～さんをお願いします〔～さんとお話しできますか〕」という意味になる。これに対しては，Speaking.「(話しているのは)私です」や Hold on, please.「(切らずに)お待ちください」などと答える。 (2) 店員が客に Can〔May〕I help you ? と声をかけると「いらっしゃいませ〔お手伝いいたしましょうか〕」の意味になる。これに対しては，Yes, please.「はい，お願いします」や No, thank you.「いいえ，けっこうです」などと答える。

⚠ ここに注意 May I ～ ? は「～してもよろしいですか」の意味。Can I ～ ? よりもていねいな印象を与える。

2 (1) 物を手渡すときは，Here you are.「はいどうぞ」と言う。 (2) Hold on, please.「(切らずに)お待ちください」は電話で使う表現。 (3) Just a minute, please.「少々お待ちください」 (4) How about ～ ?「～はどうですか」 (5) Speaking.「(話しているのは)私です」は This is ～ speaking. を省略した形。
3 (1) Anything else ?「ほかに何かいりますか」
(2)「ジムは昨日ハンバーガーショップで昼食をとりましたか」という問い。ジムは持ち帰り(To go)と言っているので，店の外で食事することがわかる。

〔全訳〕 ジム「ハンバーガーを2つお願いします」
店員「ほかに何かございますか」
ジム「それだけでけっこうです」
店員「こちらてお召し上がりですか，それともお持ち帰りですか」
ジム「持ち帰りでお願いします」
4 (1) A「何かお手伝いしましょうか」B「ありがとうございます，でも見ているだけです」
(2) A「これはいくらですか」B「20ドルです」A「わかりました。それをいただきます」
5 A「もしもし」B「もしもし，こちらはケンです。ジェーンさんをお願いてきますか」A「あいにく，外出中です。伝言を残しますか」B「いいえ，けっこうです。あとでかけ直します」A「わかりました」
6 (1) ① look for ～「～ をさがす」 ② at the ～ corner「～の角で」 ③ on one's right〔left〕「～の右〔左〕側に」 (2) how「どうやって」を文頭に出して，can の疑問文の語順を続ける。ここでの動詞 get は「着く」という意味。
〔全訳〕 A「駅をさがしています。どうやったらそこに行けますか」B「まっすぐ行って，2つ目の角を右に曲がってください。左側に見えてきますよ」A「ありがとうございます」

総合実力テスト

本冊 ▶ pp. 118～120

解答

1 (1) ① from ② after ③ for
　(2) 私は日本語を少し話したり読んだりすることはできますが，漢字はうまく書けません。
　(3) Let's play soccer together.
　(4) ① He came to Japan last week.
　② Yes, he does.
　③ He will eat *sushi* (next Sunday).
2 (1) an, old (2) are, going
3 (1) エ (2) ウ
4 (1) オ (2) ア (3) ウ (4) エ (5) イ
5 (1) had (2) him (3) How (4) Whose
6 例 What are you doing〔looking for〕 ?
7 (1) Don't look at your book now.
　(2) Mike, when does summer vacation start in Australia ?

8 (1) He doesn't〔does not〕have any English books.

(2) Emi's sister can play the piano well.

(3) How many DVDs does Ken have ?

(4) Kumi was helping her mother in the kitchen.

9 (1) What time is it (now) ?

(2) Who is playing tennis with your brother ?

(3) Did you study English last night ?

解説

1 (1)①「〜出身の」= from 〜 ②「放課後」= after school ③「ぼくのために」= for me (2) I can 〜, but I can't ....「私は〜できるが…できない」という文。a little「少し」 (3)「〜しましょう」と相手を誘う表現は Let's 〜. の文で表す。「いっしょに」= together (4)①「トムはいつ日本に来ましたか」 ②「トムは日本料理が好きですか」 ③「トムは次の日曜日に何を食べるでしょうか」

〔全訳〕 みなさん、こんにちは。

ぼくの名前はトム・ブラウンです。カナダから来ました。先週日本に来て、今はケンのところに滞在しています。ぼくはカナダで日本語を勉強しました。日本語を少し話したり読んだりすることはできますが、漢字はうまく書けません。

ぼくはサッカーが大好きです。カナダでは放課後に一生懸命練習しました。いっしょにサッカーをしましょう。ぼくは日本料理も好きです。ケンのお母さんは毎日ぼくのために日本料理を作ってくれます。とてもおいしいです。彼のお父さんは次の日曜日にぼくをすし屋さんに連れて行ってくれます。ぼくはとてもうれしいです。

● ここに注意 (4)① 過去形 ② 現在形（3人称単数） ③ 未来表現(will)の疑問文になっている。それぞれ時制を整理して、答える動詞の形を確認しておこう。

2 (1)「あの自転車は古い」を「あれは古い自転車です」という文にする。old bike には an をつける。(2) 未来を表す will ⇔ be going to の書きかえ。後者は主語に応じて be 動詞を使い分ける必要がある。

3 問いの内容を正確につかんで、問いに対して答えの中心となる部分を強く読む。 (1)「かばんの中に何を持っていますか」には「カメラ」を強く読む。

(2)「毎日どれくらい英語を勉強しますか」には「1時間」を強く読む。

4 (1)「今日は何曜日ですか」には、オ「土曜日です」が適切。 (2)「ボブ、君のラケットはどちらですか」には、ア「この黒いほうです」が適切。 (3)「ビルとジョンはどこにいますか」には、ウ「公園にいます」が適切。 (4)「あなたはどのくらいの間テニスをしますか」には、エ「2時間します」が適切。(5)「彼女のお母さんは何歳ですか」には、イ「42歳です」が適切。

5 (1)「京都への旅を楽しみましたか」という過去形の疑問文に、「はい。そこで楽しく過ごしました」と答える文。have は不規則動詞で過去形は had になる。不規則動詞の変化を正確に覚えよう。 (2)「あの少年はだれですか」「彼はトムです。彼のことはとてもよく知っています」となる。代名詞は動詞や前置詞の後ろで使うときは、目的格（「〜を」の形）にする。he「彼は」、his「彼の」、him「彼を」(3)「歩いて来る」と答えているので、「あなたはどうやって学校に来ますか」と手段をたずねたと考え、疑問詞 how を使う。 (4)「それは私のもの(mine)です」と答えているので、「だれの」とたずねたと考え、whose を使う。

6 母親の問いかけに対して「サッカーボールをさがしているところです」と答えている。したがって、現在進行形〈am〔are, is〕＋動詞の ing 形〉を使って「何をしているの」または「何をさがしているの」とたずねたと考える。最後の文は「テレビのそばでそれを見たわよ」の意味。saw(see の過去形)、by「〜のそばに」

7 (1)「今は本を見ないで。私の言うことだけを聞きなさい、いいですね」「わかりました、スミス先生」という対話にする。「〜しないで」という否定の命令文は Don't 〜. の形で表す。 (2) when があるので「いつ」とたずねる疑問文にする。

〔全訳〕 ケン：「日本では4月に学校が始まります」マイク：「なるほど。ぼくの国ではたいてい1月の終わりに始まります」ケン：「おや、本当ですか。おもしろいですね。マイク、オーストラリアでは夏休みはいつ始まりますか」マイク：「もちろん12月です」

8 (1) 3人称単数が主語のとき、一般動詞の否定文は〈doesn't〔does not〕＋動詞の原形〉で表す。また否定文では some を any にすることにも注意。(2)「〜できます」という文にする。動詞は原形にする。

(3) 〈how many ＋名詞の複数形〉を使って，「ケンは
ＤＶＤを何枚持っていますか」とたずねる文にす
る。　(4) 過去進行形は〈was〔were〕＋動詞の ing 形〉
で表す。

9　(1) What time is it（now）? で「(今)何時ですか」
の意味。What's the date today?「今日は何日です
か」や What day is it today?「今日は何曜日です
か」などとまちがえないように整理しておこう。
(2) 主語の who は３人称単数として扱う。時制が現
在進行形なので，〈Who is ＋動詞の ing 形 〜 ?〉
「だれが〜しているところですか」の語順にする。
(3) 過去の疑問文は〈Did ＋主語＋動詞の原形 〜 ?〉
の形で表す。「昨夜」＝ last night

> **❗ ここに注意**　(2) who 自体が主語になる疑
> 問文の語順は，答え方もおさらいしておこう。
>
> 　Who uses this bike? ─ Tom does. / I do.
> 　Who used this bike? ─ Tom did. / I did.
> 　Who is dancing?
> 　　─ Tom is. / Tom and Mike are.